CONSIDÉRATIONS GÉNÉRALES

SUR LES

CHEMINS DE FER

SUIVIES DE LEUR APPLICATION

A LA LIGNE DE PARIS

SUR LE CENTRE DE LA FRANCE

ET

A SON PROLONGEMENT VERS LE CENTRE DE LA PÉNINSULE.

PAR

M. Colomès de Juillan,

INGÉNIEUR EN CHEF DES PONTS ET CHAUSSÉES.

PARIS

CHEZ CARILIAN-GOEURY ET VICTOR DALMONT,

LIBRAIRES DES CORPS ROYAUX DES PONTS ET CHAUSSÉES ET DES MINES,

QUAI DES AUGUSTINS, 39.

1845

Imprimerie de Hennuyer et Turpin, rue Lemercier, 24. Batignolles

TABLE DES MATIÈRES.

AVANT-PROPOS.

Le chemin de fer du centre, s'il est un jour réalisé, aura eu de nombreuses, d'étranges péripéties ; et il n'est peut-être pas inutile d'en faire un résumé succinct, car il doit révéler tout d'abord les intérêts et les difficultés qui s'y rattachent.

C'est en 1838 qu'il apparut sur la scène parlementaire. Il y fut introduit par le gouvernement lui-même dans le réseau général qu'il proposa aux Chambres. Sa pensée était exprimée en ces termes :

« La ligne de Paris à Toulouse ouvre au travers de la France une voie centrale « qui la divise dans le sens de sa plus grande longueur, et qui associera à la prospérité « des provinces situées aux extrémités du royaume des régions qui pendant longtemps « sont restées en arrière du mouvement général, *mais qui depuis quelques années ont « pris un essor qu'il est bon d'entretenir et de favoriser.*

« La ligne de Bordeaux à Marseille pourra jeter d'ailleurs sur Tarbes et sur Per- « pignan deux embranchements qui compléteront la communication de la France avec « l'Espagne, au grand avantage des deux pays, et qui verseront dans la circulation in- « térieure, par une pente facile, les richesses que la nature a recélées dans des régions « encore inexploitées. »

La carte jointe aux propositions du gouvernement, plus explicite que ces expressions, indiquait pour direction d'une partie de la ligne centrale les bassins du Cher et de la Dordogne, continués par la Tardès et le Chavanoux. L'on franchissait ainsi, par la traversée d'un seul faîte, toute cette partie élevée du centre de la France qui, du plateau de Millevaches, rayonne de toutes parts en rameaux montagneux.

Cette indication souleva aussitôt une foule d'antipathies. A l'est, à l'ouest, elles étaient peut-être naturelles, puisqu'il s'agissait de créer une ligne rivale ; mais le centre lui-même eut les siennes, et celles-ci, groupées autour de Limoges, ne furent pas les moins vives. Elles reprochaient à la fois à ce tracé l'élévation excessive qu'il allait affronter et son inutilité pour les populations principales, délaissées de toutes parts, disaient-elles.

Devant ce concert de plaintes, la volonté du gouvernement se refroidit si bien qu'en 1842, dans ses nouvelles propositions, sa pensée de 1838 ne fut point rappelée, et le centre de la France fut complétement passé sous silence.

La lacune était trop grande pour demeurer inaperçue ; aussi la commission de la Chambre des députés voulut-elle un chemin du centre ; mais, les critiques antérieures et le silence du gouvernement laissant croire à l'impossibilité d'arriver aux contrées méridionales en traversant le faîte central, elle ne songea plus qu'à pénétrer le plus avant possible dans la région tributaire de la Loire; et la direction de Clermont lui paraissant alors conduire au point le plus méridional, sans difficulté sérieuse pour l'établissement d'une voie de fer, en même temps qu'on y rencontrait des populations importantes, elle suppléa au silence du gouvernement en proposant cette ligne.

Cette combinaison ne fut pas mieux accueillie. La Bourgogne y vit une rivale déguisée pour sa ligne de Paris à Lyon, et d'un autre côté toute la région centrale du Cher à la Garonne prit l'alarme, critiqua énergiquement cette impasse où la commission allait se jeter, et prétendit prouver que la traversée du faîte central était fafacile, pourvu qu'on l'effectuât dans les environs de Limoges, où ce faîte est déjà beaucoup moins élevé.

Elle fit plus, elle chercha à réunir la ligne de l'Ouest et celle du centre en un tronc commun jusqu'à Confolens, pour faire partir de ce point deux directions, l'une vers Bordeaux, l'autre vers Toulouse, ces deux métropoles des contrées méridionales.

Enfin, l'on parla plus haut du prolongement ultérieur de cette ligne vers les Pyrénées, pour arriver ainsi au centre même de la péninsule, lequel ne pouvait être atteint, sans de grandes difficultés, par les deux lignes extrêmes.

Un jeune publiciste, M. Edmond Teisserenc, défenseur chaleureux de cette pensée, coordonna les documents capables de la faire accepter; et quoique rassemblés à la hâte, ils prirent sous sa plume habile une telle valeur, que toutes les préventions désintéressées s'en trouvèrent ébranlées.

La commission résista cependant. Elle s'appuya sur la longueur du tracé indiqué, sur les hauteurs à franchir, pour établir par calculs, qu'il y aurait toujours plus d'avantage à prendre la ligne de Bordeaux pour arriver aux contrées méridionales.

Enfin, de brillants orateurs vinrent au secours de la question; ils firent remarquer combien des études réelles pourraient améliorer l'idée première, et la proposition exclusive faite par la commission se trouva ruinée dans sa base.

Le gouvernement de son côté rompit le silence. Il repoussa, pour la ligne de Bordeaux, la direction par Confolens, qu'il démontra à peu près impossible entre ce point et Angoulême; mais il se montra disposé à revenir à son ancienne pensée d'une ligne centrale, si des études positives en démontraient la possibilité, et suivant la direction qu'elles conseilleraient.

De tous ces conflits résulta un vote des deux Chambres mentionnant dans le réseau général, le chemin de fer de Paris sur le centre, ordonnant sa construction immédiate jusqu'à Vierzon, et laissant à l'avenir, éclairé par des études sérieuses, à déterminer son prolongement.

Ces études ont eu lieu; et longtemps avant d'être terminées elles avaient révélé des possibilités sur lesquelles on n'avait pas dû compter. Toutefois le gouvernement attendait encore pour se prononcer que des documents complets fussent venus éclairer tous les aspects de la question, et l'on ne saurait disconvenir qu'il ne pouvait agir plus sagement. Mais les intérêts locaux n'ont pas été si patients. A la première occasion ils ont surgi plus exigeants que jamais; et cette fois les lignes de Clermont et de Toulouse, au lieu de se combattre, se prêtant un mutuel appui, sont venues au nom des possibilités déjà constatées, réclamer leur droit de naître en même temps que les autres grandes lignes du réseau.

C'est ainsi que la session de 1843 a ouvert à la ligne centrale deux directions : l'une vers Clermont, l'autre vers Limoges.

Pour la première on a dit que ce prolongement était facile, et le pays si peuplé qu'une telle communication, dût-elle rester à jamais une impasse, devrait toujours s'établir, quel que fût le sort de la branche occidentale.

Pour celle-ci, on a montré Limoges au nord du faîte central ; de ce faîte redoutable pour le prolongement de la ligne, mais qu'il ne faut point franchir pour embrasser cette première région, dont les droits et les besoins ne sont pas moins sacrés que ceux de l'Auvergne, et qu'il faudrait satisfaire alors même qu'on renoncerait à pénétrer par ce chemin jusqu'aux régions les plus méridionales.

Ainsi, par la force des choses, la ligne de Paris en Espagne à travers le centre du continent se trouve définitivement subdivisée en trois grandes portions.

L'une arrivant à Limoges, construite la première pour répondre, en tout cas à un besoin local indépendant de sa prolongation, et subsistant alors même que celle-ci serait reconnue impossible.

L'autre allant jusqu'à la Garonne, prenant d'ailleurs pour but spécial d'arriver plus rapidement et à meilleur compte jusqu'aux contrées les plus méridionales de la France, et se trouvant avoir par conséquent, plus encore que la première partie, une utilité générale, alors même qu'il faudrait s'arrêter là ;

La troisième enfin pénétrant jusqu'en Espagne, et donnant à toutes les parties de la ligne leur utilité la plus élevée, et leur caractère stratégique, international, européen.

Ces trois grandes questions soulevées inévitablement par la ligne centrale si l'on veut que la solution soit sérieuse ; ces questions immenses, il est déjà bien audacieux, je le sens, de vouloir les aborder ; et pourtant elles ne sont pas seules.

Ne faut-il pas rechercher avant tout, en présence d'obstacles si redoutables, ce qu'il y a de vrai dans les annonces fastueuses des inventeurs de systèmes, et quelles sont, pour la solution de ces difficiles problèmes, les exigences et les ressources de l'art en son état actuel ?

Ne faut-il pas, avec un relief qui permet si facilement à chaque localité de se faire illusion sur la direction la meilleure, ne faut-il pas examiner ce qu'il y a d'admissible dans les prétentions de chacune à la possession du chemin de fer ?

Comment, en un mot, se soustraire à la nécessité de pénétrer dans ce dédale de préventions de tout genre, favorables ou non, et si souvent contradictoires, qu'a fait naître la question des chemins de fer ?

En vérité, lorsque je cherche à mesurer l'immensité de la tâche, mon courage est encore prêt à faillir ; et il aurait succombé depuis longtemps si je n'avais cru tirer quelques secours des travaux semblables qui déjà ont occupé mon passé. Je leur ferai donc des emprunts sans nul scrupule. Heureux si ce résumé d'une partie de ma vie ne me laisse pas encore trop au-dessous de la mission qui m'a été confiée.

PREMIÈRE PARTIE.

CONSIDÉRATIONS GÉNÉRALES.

§ I. De l'action des chemins de fer sur le mécanisme social.

Réflexions générales.

L'apparition des chemins de fer au sein des sociétés humaines est, sans nul doute, l'un des plus grands événements de l'époque. Personne ne songe à nier l'énorme influence qu'ils doivent avoir. Mais alors que les uns saluent leur venue comme un immense bienfait, d'autres ne veulent voir en eux qu'un instrument de lutte; et s'ils les acceptent, c'est parce que nos rivaux en ont; comme ils ont accepté le canon, la mitraille, en maudissant les inventeurs.

Il semble au premier coup d'œil que cette divergence de sentiments importe peu, puisqu'en définitive tous arrivent à la même fin : la construction immédiate des chemins de fer. Pourtant, quelles différences capitales, dans la combinaison générale de ces voies, doivent sortir inévitablement de points de vue aussi contradictoires! Si les chemins de fer ne sont qu'un instrument de lutte, politique ou industrielle, c'est aux besoins de la lutte qu'il faut borner leur développement. Si, au contraire, ils sont pour l'humanité une source de bonheur, il faut songer sérieusement à les introduire tôt ou tard partout où ils peuvent accroître la félicité publique.

Et c'est bien au commencement surtout, c'est au point de départ qu'il importe de se bien fixer sur la direction qu'il faut suivre. Quelle imprudence, si l'on allait s'engager au milieu de tendances si diverses sans les avoir soigneusement sondées!

J'essayerai de le faire pour ma part en m'aidant ici de quelques idées déjà émises, mais qui me semblent avoir plus que jamais leur opportunité.

Coup d'œil sur l'organisation industrielle des sociétés humaines.

Point de départ des sociétés.

Les sociétés humaines ont commencé presque toujours par être de simples peuplades errantes, vivant de la chasse et des produits spontanés de la terre.

La première transformation qu'elles ont subie leur a donné la vie pastorale avec laquelle sont nées, par la possession des bestiaux, des idées de propriété mobilière.

Plus tard, les avantages naturels de quelque site, l'irrigation des pâturages, l'agriculture enfin, sont venus fixer cette vie nomade et donner à ces peuples naissants les premières idées de la propriété territoriale.

Cette époque, la plus importante dans la vie des peuples, jette les bases d'un long avenir de progrès; et avant que l'agriculture ait épuisé tous ses moyens, toutes ses ressources, des siècles peuvent passer sur une nation.

L'agriculteur ne demande d'abord à la terre que les fruits exigés par les premières nécessités de la vie. Bientôt la production dépassant ses besoins, le laboureur acquiert des loisirs ou fait des réserves qu'il emploie à perfectionner ses instruments aratoires, les produits de son champ, la dépouille de ses bestiaux, en rendant les uns et les autres plus propres à la satisfaction de ses besoins, de ses plaisirs.

C'est la naissance de l'industrie.

Renfermée d'abord sous le toit domestique, elle n'a d'autre objet, pour chaque laboureur, que l'amélioration de ses propres produits, dont il est à la fois le créateur, le manufacturier, le consommateur.

Mais bientôt il s'aperçoit que tout ne lui est pas également aisé, et que, tandis que certaines opérations lui présentent moins de difficultés, d'autres sont plus faciles à son voisin.

Un secours mutuel est alors offert et réclamé, chacun se charge de l'opération qui lui est facile, et de cet accord naît l'*industrie locale.*

Plus tard, celle-ci peut cesser d'être renfermée dans les limites étroites de la localité et devenir *générale.* Ce passage, qui conduit à la division du travail et à l'emploi des machines, marque dans la vie des nations une époque nouvelle, la dernière qu'aient atteinte les peuples les plus civilisés. La propriété industrielle y prend une véritable importance; l'organisation sociale se modifie; un long avenir de prospérité peut en découler.

Ces trois industries, *domestique*, *locale*, *générale*, ont chacune des avantages et des moyens d'action spéciaux.

Industrie domestique.

L'agriculture, soumise à toutes les variations atmosphériques, ne peut se promettre une continuité de travaux occupant sans cesse les bras qui lui sont consacrés. Elle a des loisirs forcés, et c'est à les utiliser que s'applique l'industrie *domestique*.

On voit déjà que, sous le rapport de la valeur du travail, elle n'a aucune concurrence à redouter; car cette valeur, toute faible qu'elle puisse être, demeure toujours profitable à l'agriculteur, puisqu'il n'y a consacré que des moments et des forces qu'il eût, sans cela, perdus dans l'inaction.

Un autre avantage de l'industrie *domestique*, c'est de n'avoir à subir aucune espèce de transports. Le produit naît sur place; il s'y fabrique, il s'y consomme.

Mais à côté de ces avantages se trouve un grand inconvénient; c'est l'impossibilité de donner à une telle fabrication, restreinte aux besoins du fabricant luimême, plus de perfection que n'en comportent des instruments grossiers, ainsi que des travaux interrompus et peu répétés, dans lesquels il est bien difficile d'acquérir de l'habileté.

Economie, imperfection, voilà donc les caractères essentiels de l'industrie *domestique.* L'agriculture est sa compagne presque nécessaire.

Industrie locale.

L'industrie *locale* n'est, pour ainsi dire, qu'un échange de bons offices, par lequel chacun fait jouir ses voisins des ressources particulières qu'il a reçues de la nature ou qu'il tient de sa position. Comme l'industrie *domestique*, elle met à profit les loisirs agricoles; mais la quantité des produits n'étant plus bornée aux besoins du fabricant, les mêmes opérations, en se répétant plus souvent, deviennent plus parfaites, et, sous ce rapport, l'industrie *locale* doit l'emporter sur l'industrie *domestique*.

Les produits y subissent, à la vérité, une opération de plus : le transport de l'habitation au marché; mais tant qu'il peut être fait avec les attelages de l'agriculture et dans les moments perdus pour elle, la valeur de ce transport est si faible, qu'elle est plus que compensée par les avantages trouvés dans l'amélioration du produit et surtout dans l'utilisation, au profit de tous, des avantages particuliers que chacun possède.

L'industrie *locale* participe donc des caractères de l'industrie *domestique*. Basée comme elle sur l'utilisation des loisirs agricoles, la concurrence ne lui est guère plus redoutable. Elle est un premier pas vers la division du travail et la perfection des produits. Mais son développement dépend absolument de l'étendue que peuvent embrasser les transports domestiques (1). Au delà commence un ordre de faits qui appartient à l'industrie générale.

Industrie générale.

Celle-ci puise ses principaux moyens d'action dans la division du travail. Cette division consiste à décomposer la fabrication complète d'un produit en opérations simples dans lesquelles l'ouvrier puisse ou acquérir une habileté presque instinctive, ou être remplacé par des machines.

L'homme, en répétant sans cesse une opération qui n'exige de lui que des mouvements simples, peut y acquérir une dextérité prodigieuse. D'un autre côté, l'emploi des machines, devenant compatible avec des opérations ainsi simplifiées, vient leur donner une régularité que l'on demanderait en vain à l'industrie *domestique* ou à l'industrie *locale*.

Perfection indéfinie dans les produits, utilisation des moteurs inanimés, sont les deux caractères principaux de l'industrie *générale*.

Mais la division du travail, qui lui donne tant d'avantages, a ses exigences, auxquelles il n'est pas toujours possible de satisfaire. La plus impérieuse et la plus gênante, c'est l'étendue qu'on est obligé de donner à la fabrication de chaque produit. On conçoit, en effet, que plus on simplifie l'opération à laquelle chaque individu, chaque machine sont consacrés, plus il faut de produits de même espèce pour utiliser tout leur temps. De là, nécessité d'opérer sur une grande masse de produits semblables, et par conséquent aussi, d'aller chercher, dans un rayon étendu, soit les matières premières, soit surtout les consommateurs.

C'est dans cette accumulation inévitable de matières, c'est dans l'étendue indispensable du marché où il lui faut chercher des consommateurs à ses produits manufacturés, que l'industrie générale trouve des obstacles, souvent insurmontables, toujours difficiles à franchir.

Il lui faut des avances considérables pour construire ses établissements avec toutes leurs machines; pour acheter ses matières premières et les rassembler au lieu de la

(1) Je désigne ainsi les transports qui peuvent s'effectuer sans que les attelages soient obligés de passer la nuit hors du toit domestique.

fabrication ; pour payer le service de tous les agents industriels, jusqu'au jour de la réalisation des produits manufacturés ; enfin pour transporter ces derniers jusqu'aux lieux de la consommation. Il faut que ces différentes causes de dépense n'élèvent pas la valeur du produit au-dessus du prix que le consommateur peut y consacrer, et qui dépend du point où l'on est obligé de descendre, dans l'échelle sociale, pour trouver des consommateurs à tous les produits de même espèce, présentés sur le même marché.

Les produits, pour passer ainsi des mains du producteur dans celles du consommateur, exigent des frais qui peuvent être rangés en deux classes distinctes, les *frais de transport* proprement dits, et les *frais commerciaux*.

Frais de transport proprement dits.

Les frais de transport dépendent d'un petit nombre d'éléments qu'on apprécie aisément. C'est, d'un côté, le poids et le volume du produit ; c'est, d'un autre, le degré de viabilité des routes, le tirage qu'elles occasionnent ; c'est enfin la nature et la valeur de la force motrice employée à opérer le *transport*.

Frais commerciaux.

Les éléments des frais commerciaux sont beaucoup plus nombreux, et ce n'est qu'avec difficulté que l'esprit les saisit et les analyse. Aussi deviennent-ils presque toujours pour le commerçant la cause de ses mécomptes. Il n'est personne qui, en comparant le prix de certains objets dans deux lieux éloignés, n'ait éprouvé de la surprise en trouvant la différence de beaucoup supérieure au prix des transports proprement dits, et n'ait cru y apercevoir pour le négociant un bénéfice exagéré.

Ceux qui ne sont entraînés dans les opérations commerciales que par cette fausse apparence, éprouvent souvent de cruels désappointements.

Et d'abord, que se passe-t-il dans les marchés ? Désignons ainsi les lieux où la population rurale vient, à l'aide de simples *transports domestiques*, effectuer ses échanges. On peut supposer que tous les consommateurs s'y trouvent réunis et que c'est le point de départ de l'industrie commerciale.

Là nous trouvons en premier lieu les frais de détail. Ils naissent et de la nécessité d'employer, pour l'effectuer, un grand nombre de personnes, et de la difficulté de se mettre à l'abri de leur infidélité. Ces frais sont à la fois le prix d'un service et une prime d'assurance contre l'improbité. C'est pour les diminuer, autant que possible, que l'on voit cette opération se subdiviser entre un grand nombre de détaillants qui, vendant par eux-mêmes, ne sont pas exposés à être trompés, et font d'ailleurs de ce petit négoce un complément aux autres ressources de la famille. Là encore se trouvent des loisirs utilisés.

Mais, comme les avances de ces *détaillants* sont d'ordinaire fort peu considérables, il se forme dans la même ville une classe de négociants *en gros*, dont le but spécial est d'approvisionner les premiers.

A son tour, le négociant en gros, qui n'opère encore qu'en trop petite masse sur chaque marchandise pour s'adresser directement aux fabricants, est obligé de prendre un intermédiaire ou de s'approvisionner dans les villes d'*entrepôt*. J'appelle ainsi les cités possédant une population nombreuse ou quelque situation favorable, telle que le voisinage de la mer, d'une rivière navigable, d'un canal, et dans lesquelles le négociant, au lieu d'étendre, comme dans les simples lieux de marchés, ses opérations commerciales à un grand nombre de marchandises, s'attache spécialement à quelques-unes, et les tient en assez grande masse pour établir des relations directes avec le fabricant. Dans le passage de la ville d'entrepôt à la simple cité, la marchandise subit des frais de diverses natures. D'abord, il faut la choisir et l'acheter, et si, comme il arrive le plus souvent, les deux villes sont trop éloignées l'une de l'autre, le marchand *en gros* ne pourra, sans beaucoup de frais et sans danger, quitter sa maison pour aller lui-même faire ses achats. Il sera donc obligé de confier ce soin à autrui, et de chercher sur la marchandise le prix du service rendu, avec une prime d'assurance contre l'infidélité du mandataire.

De son côté, le fabricant, pour réunir auprès de lui toutes les matières nécessaires à sa fabrication, a dû passer par des voies semblables; ainsi l'on peut dire qu'un produit, pour arriver, à l'aide de l'industrie générale, de l'état où la nature le donne jusqu'aux mains du dernier consommateur, est ordinairement obligé de subir cinq ou six opérations commerciales distinctes, qui exigent chacune, outre le prix du transport proprement dit, à l'arrivée, un débarquement, un droit de transit ou d'entrepôt, un déballage pour vérification, un déchet, un droit de commission; au départ, un droit d'emmagasinage, l'intérêt du capital pendant le temps où le négociant a gardé le produit à sa charge, une prime contre les chances commerciales courues, un emballage, une prime contre les détériorations durant le transport et contre l'infidélité des voituriers; et tous ces frais commerciaux réunis ajoutent très-souvent, pour chaque station, plus de 10 pour 100 à la valeur totale du produit.

Ne soyons donc plus étonnés de la différence que nous apercevons dans les prix de la même marchandise en des lieux divers, alors même qu'elle serait de beaucoup supérieure au prix du transport proprement dit. Une seule station suffira souvent pour amener des frais qui l'égalent, et nous avons vu que la plupart des produits étaient exposés à en subir cinq ou six.

Nécessité de la rapidité dans les grandes voies de communication.

Il n'échappe sans doute à personne que tous ces frais commerciaux, qui exercent une si grande influence sur la valeur définitive de toutes choses, sont pour la plupart beaucoup diminués par la rapidité avec laquelle les transports sont effectués.

Ainsi, lorsqu'il ne faudra à un négociant que quelques heures pour se rendre à la ville d'entrepôt, il pourra, sans danger pour son négoce, s'y transporter lui-même et supprimer par ce seul fait le service des intermédiaires ainsi que la prime contre leur improbité. Il pourra même aller prendre les produits chez le manufacturier et s'épargner la plupart des frais commerciaux.

Je serais trop long si je cherchais à détailler tous les désavantages, tous les frais que peut faire disparaître la rapidité des communications. Je veux seulement indiquer un simple rapprochement.

Supposons que dans le même lieu existent deux négociants opérant sur les mêmes objets: l'un possède, pour les faire venir, un moyen de transport à très-bas prix, mais très-lent, un *canal*, par exemple; l'autre les fait arriver très-rapidement par un *chemin de fer*. Admettons même, pour rendre le raisonnement plus sensible, que les prix de ce dernier soient plus élevés que ceux du canal, quoique cela ne résulte pas nécessairement de la nature des choses, ainsi que l'expérience le démontre tous les jours.

A celui qui se sert du canal il faudra un fonds de roulement considérable et des magasins étendus ; car les produits ne lui arrivant que très -lentement, il doit en être toujours abondamment pourvu.

L'autre, au contraire, n'a presque besoin que d'échantillons. Quelques milliers de francs composent tout son fonds commercial ; la location d'un petit magasin constitue tous ses faux frais. Pour lui, point de chances commerciales. Il n'achète qu'après avoir, pour ainsi dire, déjà vendu, parce qu'il peut si rapidement se procurer les produits qu'on lui demande, qu'il est bien peu d'acheteurs n'ayant pas assez de temps devant eux pour lui laisser la possibilité de les faire venir.

Alors, bien que le prix des transports soit un peu élevé, le bénéfice qu'il laisse se trouve net et débarrassé de toute incertitude. On gagne toujours.

Il n'en est pas de même du négociant qui se sert du canal. Pour établir ses prix, il doit compter le service de tous les intermédiaires que la lenteur des communications le force d'employer ; les détériorations survenues dans le trajet ; l'intérêt de ses capitaux qui sont considérables ; la location de ses immenses magasins ; la valeur des rebuts qui deviennent inévitables, et, par-dessus tout, les chances commerciales ; car elles ne seront pas pour lui le moindre sujet de souci, la moindre cause de perte, s'il se trouve par malheur avoir rempli ses magasins de quelque denrée qui subisse une de ces variations inopinées dont les cotons ont fourni quelquefois des exemples. Lorsqu'il aura ajouté toutes ses dépenses à la valeur du transport proprement dit, quelque faible que soit celle-ci, il sera presque toujours conduit à ne livrer son produit qu'à un prix bien supérieur à celui de son concurrent.

Si je prenais deux fabricants pour les placer dans une concurrence analogue, je trouverais un résultat semblable, peut-être plus tranché. A combien de commandes le fabricant qui se servirait du canal ne serait-il pas obligé de renoncer, parce que le temps qu'on lui laisserait pour la livraison serait absorbé par la lenteur du transport, soit des matières premières, soit des objets manufacturés !

Je pourrais enfin parler de cette foule de denrées qui ont impérieusement besoin d'un transport très-rapide, sous peine de périr en chemin ; mais je m'arrête. N'est-il pas suffisamment démontré que la rapidité doit être pour l'industrie générale son élément de succès le plus assuré ?

Bas prix des transports.

Après la rapidité vient le bas prix des transports. Il peut, dans l'absence de la première, s'emparer du sceptre industriel. Ce sceptre doit lui échapper aussitôt que la rapidité se montre, non pas bornée à un lieu, à un produit, mais générale, répandue partout. Rien n'est plus avantageux, rien n'est plus attrayant pour les peuples ; dès qu'elle devient possible, tous les vœux, toutes les habitudes doivent bientôt se tourner de son côté.

L'industrie générale doit donc rechercher avant tout les communications les plus rapides et les plus étendues, puis les moins chères. Aussi longtemps qu'un pays n'arrivera point jusqu'à elles à l'aide de ses transports domestiques, il pourra bien parcourir tous les développements réservés à l'industrie locale ; mais aller au delà, jamais. Ses produits manufacturés trouveraient, partout ailleurs que chez lui, une concurrence trop difficile à surmonter : ils seront condamnés à être consommés sur place. De là il pourra bien arriver que la population s'accroisse. Elle acquerra peut-être des loisirs, mais non des richesses ; le bien-être individuel restera stationnaire.

Parallèle entre la France et l'Angleterre.

On voit par ce qui précède que deux pays pourront présenter des physionomies industrielles bien différentes, selon que la nature les aura plus ou moins rapprochés de cette heureuse situation. L'Angleterre et la France en sont un exemple frappant.

Points de départ.

Jetons les yeux sur la première. Nous voyons une immense étendue de côtes, beaucoup de rivières facilement navigables, pour une faible superficie, de telle sorte qu'il n'est presque pas de points qui ne se soient naturellement trouvés voisins de quelque moyen facile de communiquer avec les autres pays. Partout les transports domestiques pouvaient donc atteindre, dès l'origine, à ces grandes voies nécessaires à l'industrie générale. La nature avait donné à l'Angleterre, pour marché, le monde entier.

En France, au contraire, la superficie est immense, l'étendue de nos côtes infiniment moindre, nos rivières navigables peu nombreuses, et encore cette navigation est-elle fort pénible à cause du relief de notre sol qui donne à nos cours d'eau une grande rapidité.

Contraste industriel entre les deux pays.

C'est à des points de départ si différents qu'il faut surtout attribuer le contraste industriel que ces deux pays présentent.

Le premier, trouvant les voies ouvertes à l'industrie générale, s'y est élancé dès l'origine. La navigation est devenue son affaire principale ; ses dominateurs ont compris, à toute époque, que la puissance britannique résidait tout entière dans sa force commerciale, et pour l'assurer, aucun sacrifice ne fut jamais épargné.

Principe aristocratique en Angleterre. — Son influence.

Le principe aristocratique lui-même s'est dirigé vers ce but. En s'emparant du territoire, il s'est établi gardien du camp, et de cette formidable position, il a su protéger au dehors la nation travailleuse ; mais, s'inoculant en même temps l'égoïsme mercantile, il a voulu attirer à lui tous les bénéfices qu'elle a créés ; l'Angleterre n'a plus été qu'un vaste établissement commercial exploité par l'aristocratie à son profit.

L'agriculture a dû n'y conserver que les bras indispensables et remplacer, quand elle l'a pu, l'action de l'homme par les machines. Le reste de la population, consacré à l'industrie générale, s'est aggloméré dans quelques lieux plus favorisés de la nature et y a pris un prodigieux accroissement.

Division des propriétés en France. — Ses inconvénients.

Chez nous, au contraire, la propriété foncière, au lieu de s'accumuler dans quelques mains, s'est divisée à l'infini ; la population agricole s'y est largement étendue. L'industrie locale s'y est développée ; mais à l'exception d'un petit nombre de villes privilégiées, la population industrielle y a conservé son caractère agricole. Aussi, loin de chercher exclusivement sa force dans l'industrie générale, la France est demeurée agricole surtout. L'aristocratie n'a trouvé à y rendre aucun service qui pût faire supporter ses priviléges, et un jour elle a été renversée par le principe d'égalité déposé dans le cœur de l'homme par la nature. Ce principe est devenu chez nous si impérieux, que désormais toute organisation sociale doit s'appuyer sur lui pour être durable.

Mais plus on est ami de ce principe, plus on le croit irrésistible, et moins on doit fermer les yeux sur les inconvénients qu'il entraîne, afin d'y chercher un remède.

Eh bien, il ne faut pas se le dissimuler, sous le rapport de l'industrie générale, rien encore en France n'est venu suppléer à l'action de l'aristocratie anglaise, espèce de pompe aspirante qui, après avoir réuni, attiré à elle tous les profits de la population travailleuse, pour en détruire à la vérité une bonne partie, emploie du moins le reste au progrès de l'industrie.

Chez nous l'excédant des produits sur les consommations, le superflu, se trouve répandu sur la nation entière. Ainsi divisé, il est complétement impuissant pour le progrès des richesses, et cependant c'est de là seulement qu'il faut l'attendre.

Enfin, pour compléter le parallèle, plaçons ici un fait de grande importance.

Populations rurales de la France et de l'Angleterre.

En Angleterre, la population rurale n'atteint que 5,417,901 habitants, ou 2,334 habitants par myriamètre carré, tandis qu'en France elle n'est pas moindre de 20 millions, ou 3,613 habitants par myriamètre carré, c'est-à-dire plus de la moitié en sus de la population rurale de l'Angleterre.

Ce rapprochement prouve d'abord qu'il serait possible de cultiver la France avec les deux tiers des bras qui s'y trouvent aujourd'hui consacrés; en second lieu, que la population qu'elle acquiert chaque année, au lieu de se précipiter dans les villes, demeure dans les campagnes pour y consommer les produits de la terre, fixés presque partout sur le sol qui les a vus naître. Ces 6 millions d'habitants, nourris, vêtus, logés par l'agriculture, deviendraient pour notre pays une immense ressource le jour où l'on trouverait le moyen d'occuper ces bras remplis de vigueur et qu'on pourrait rendre superflus par l'emploi des procédés agricoles en usage chez nos voisins.

En Angleterre, tout a dû se passer autrement. L'agriculture, à l'aide des transports domestiques, ayant pu presque partout atteindre à des moyens faciles de communication, a dû accumuler des richesses en exportant ses produits excédants et en conservant seulement les bras indispensables. Le reste de la population, appelé sans cesse et dès l'origine vers l'industrie générale, s'est agglomérée, sur tous les lieux favorisés par leur situation, en cités populeuses dans lesquelles on a vu se développer en même temps tous les prodiges de l'industrie, tous les excès du luxe, tous les malheurs de la misère.

Agglomérations exclusivement manufacturières. — Leurs dangers.

L'industrie générale, en divisant le travail et en simplifiant les opérations, arrive à se passer, dans les ouvriers, de l'intelligence humaine; leur salaire se réduit alors au strict nécessaire, sans aucune réserve pour les mauvais jours; l'homme, en un mot, y est assimilé à une machine, et comme une machine ne périt pas quand elle s'arrête, l'industrie générale ne s'inquiète pas de ce que devient l'ouvrier quand il cesse de travailler.

Les caisses d'épargne ne peuvent rien contre ce mal, car elles n'agissent que sur les réserves, et là où il n'y a rien de superflu, elles n'ont rien à conserver.

Conclusion.

Ainsi l'on peut dire avec raison que cette puissance industrielle, donnée avec profusion à la Grande-Bretagne par la nature, l'aristocratie anglaise s'est chargée de l'exploiter. Elle s'est emparée du territoire par les institutions, de l'alimentation de la classe ouvrière par les droits d'importation sur les grains, des bénéfices de l'industrie par les capitaux qu'elle a pu seule lui fournir et par l'agglomération des populations manufacturières, enserrées par là dans une concurrence qui pour toute part au profit leur laisse la mort ; et après avoir ainsi tout réuni dans sa main, elle a su en exprimer le suc pour s'en rassasier d'abord, pour employer ensuite le superflu à des créations nouvelles qui ont porté sans doute au plus haut degré les richesses et les jouissances des maîtres, mais qui n'ont jamais laissé à la classe ouvrière que les labeurs. Cette monstrueuse inégalité blesse trop l'humanité pour ne pas porter un jour des fruits amers. Je souhaite à l'Angleterre des hommes d'État qui sachent oublier leurs intérêts aristocratiques pour ne se préoccuper que du salut de leur patrie et rendre sans secousse à cette classe aujourd'hui si malheureuse le bien-être qu'elle pourrait un jour réclamer violemment.

En présence de toutes les difficultés qui viennent chaque jour assaillir nos voisins, combien nous devons, nous Français, être fiers et heureux de notre organisation sociale ! Chez nous l'égalité civile n'est pas seulement écrite dans la loi, elle a passé dans les mœurs, elle est dans les faits. Les inégalités de richesses, que le travail et l'intelligence doivent continuellement produire, s'y trouvent sans cesse ramenées à l'égalité par la loi civile, qui se sert habilement des sentiments d'égale affection envers tous ses enfants, inspirés par la nature au père de famille, pour diviser la fortune qu'il a su acquérir ou conserver, sans pour cela que cette égalité de partage, qui est dans son cœur, lui apparaisse comme une atteinte portée à son droit absolu de propriété ; sans qu'il trouve par conséquent affaibli en lui le plaisir de la possession, ce véhicule si puissant du travail et de l'économie. Les droits politiques n'y sont pas inféodés à la terre : ils sont attachés à la personne, et si pour les exercer la loi exige des conditions de possession, c'est seulement comme présomption d'intelligence et d'intérêt à la chose publique ; c'est afin de s'assurer que celui dont elle provoque le jugement lui donnera sa propre pensée ; c'est afin d'enlever aux classes opulentes de la société la possibilité de peser dans la balance autrement que par leur haute raison. C'est donc encore en faveur de l'égalité que la société demande à une partie de ses membres de s'abstenir de participer aux droits politiques jusqu'au jour où ils seront en état de le faire avec indépendance.

Une telle organisation est certainement la plus durable, car tout en s'éloignant le moins possible de l'égalité native par la division forcée des patrimoines, elle consacre, elle fortifie même en le généralisant le droit absolu de propriété et sur le territoire cultivé et sur la chose créée, droit qui est évidemment la base nécessaire de toute organisation sociale.

« Mais, s'écrient les partisans du système aristocratique, voyez donc les richesses « immenses qu'il a permis à l'Angleterre d'accumuler ! Voyez ces innombrables « navires qui composent à eux seuls une immense valeur acquise, indépendam- « ment de la puissance qu'ils donnent à cette nation ! Voyez cette énorme quantité « de produits que la société anglaise parvient à créer chaque année, et dites-nous si « l'organisation nivelée de la France peut approcher de ces résultats ? »

Mais d'abord, qu'importent les richesses créées si elles sont mal utilisées ? qu'importe leur immensité si elle ne procure pas à la société une félicité générale ? Sans doute le noble lord regorge de richesses et peut goûter des jouissances excessives ; mais il consomme à lui seul, sans compter ses serviteurs, des valeurs qui eussent suffi peut-être à la félicité de dix mille familles françaises.

Oui, la France crée moins de produits que ses voisins; mais si l'on se donnait la peine d'apprécier la somme des félicités sociales que les deux pays retirent de leurs richesses respectives, on trouverait en notre faveur une énorme différence; et si pour atteindre à l'industrie générale, il fallait absolument changer notre organisation sociale, c'est à l'industrie qu'il nous faudrait plutôt renoncer, car jamais elle ne pourrait nous dédommager du sacrifice.

Mais est-il donc vrai que l'organisation française, si favorable au bon emploi des produits, soit un obstacle à leur création? Est-il vrai que la division des propriétés foncières et des richesses mobilières s'oppose invinciblement au développement de l'industrie générale? J'espère démontrer le contraire.

Sans aucun doute, et je l'ai déjà dit plus haut, la dissémination des ressources nationales rend difficile la réunion des capitaux et dispose mal à les consacrer au développement de l'industrie, parce que la spontanéité naît ordinairement de l'étendue du superflu que chacun possède et de l'intérêt qu'il peut prendre aux opérations projetées. On doit donc, pour les entreprises générales, compter peu sur les associations spontanées. Mais la grande association nationale ne peut-elle donc y suppléer? Et par là je n'entends pas imposer au gouvernement l'obligation de tout créer. Je lui demande seulement que partout où manque un élément actuel suffisant pour créer des associations spontanées, il apporte le secours de son intervention.

Il est permis d'espérer que ce système de protection gouvernementale, loyalement, sagement organisé, ne le céderait en rien à toute la puissance des associations aristocratiques de l'Angleterre; et, après avoir déjà donné au monde la preuve de tous les avantages de sécurité politique et de richesse agricole attachés à la division de la propriété territoriale, il est peut-être réservé à la France de prouver également que cette dissémination peut s'étendre aux propriétés industrielles, à l'industrie générale elle-même, sans inconvénient pour la production *et au grand profit de l'humanité.*

Dissémination de l'industrie générale.

Supposons, en effet, cette industrie disséminée au milieu des populations rurales. L'ouvrier manufacturier peut demeurer membre d'une famille d'agriculteurs, dans laquelle il est au besoin logé, nourri, vêtu par l'agriculture. L'industrie générale trouve ainsi elle-même à tirer parti des loisirs agricoles. Le prix de la fabrication s'abaisse nécessairement aux moindres proportions, et, quelque faible qu'il soit, il peut demeurer un véritable profit. Nulle concurrence alors ne devient fatale, et dans les mauvais jours, l'ouvrier ne périt plus de faim, parce qu'il trouve du pain dans sa famille.

C'est une assurance mutuelle entre l'industrie générale et l'agriculture; l'une vient en aide à l'autre dans les moments rigoureux. C'est, je crois, le seul moyen de les faire prospérer en même temps, sans préparer à l'avenir des commotions sociales, et peut-être, de résoudre le problème si difficile, si dangereux, qui déjà maintes fois s'est agité à Lyon, toujours en menaçant le repos de toute la France.

On dira peut-être que les grandes agglomérations manufacturières provoquent la perfection de la fabrication par une rivalité incessante entre les produits de même espèce, tenus constamment en présence pour celui qui veut les acquérir. Cela est vrai, mais ne voit-on pas aussi que la rapidité et le bas prix des transports ont précisément pour effet d'effacer partout les distances? La dissémination industrielle, pourvu qu'elle marche de front avec cette *rapidité* et ce *bas prix*, présente donc, sous ce rapport, tous les avantages de l'agglomération. Je dis *rapidité* et *bas prix ;* les bas prix ne suffiraient pas. En vain donnerait-on aux acheteurs les moyens de se transporter à très-bas prix d'un lieu dans un autre, s'ils étaient obligés d'y employer beaucoup de temps, ils seraient le plus souvent forcés de renoncer au voyage; car le temps perdu a presque toujours pour eux une énorme importance.

Influence des chemins de fer sur l'avenir de la France. — Ce qu'il faut penser des terreurs que leur apparition inspire aux cités secondaires.

Ainsi le véritable obstacle qui s'oppose à nos progrès dans l'industrie générale, c'est l'absence de communications *rapides* et *économiques*, bien plutôt que la dissémination inhérente à notre organisation sociale. Nous possédons une population rurale de vingt millions d'habitants, tandis que notre agriculture pourrait n'en exiger que quatorze. Ce sont là six millions de bras nourris, vêtus, logés et pleins de vigueur, aujourd'hui employés sans une véritable nécessité, et qui n'attendent qu'une occupation plus utile pour s'y livrer. Nos chutes d'eau sont beaucoup plus nombreuses et plus faciles à établir que celles de nos voisins; nous avons des bassins houillers d'une grande richesse, des forêts considérables. Tous ces agents manufacturiers ne resteront plus sans emploi le jour où nous aurons conquis le seul que la nature nous ait refusé, le moyen de les mettre en présence des matières premières ou de trouver des consommateurs aux produits que nous pourrions manufacturer.

Voilà donc le bienfait que réclame notre organisation sociale ; bienfait immense, bienfait général, car il arrivera aux classes malaisées, aussi bien, mieux peut-être qu'aux riches. Et pourtant l'admirable moyen imaginé pour nous le rendre n'est aux yeux d'un grand nombre qu'une invention funeste, venue trop tôt, et comme une contagion pour le malheur de l'humanité.

Ceux-là cependant ne sont pas les moins ardents à réclamer des chemins de fer; mais pour eux, c'est toujours un mal qu'ils n'ont tant de hâte à s'inoculer que pour essayer de se garantir des suites funestes qu'il doit traîner après lui.

Le tableau qu'ils en tracent est vraiment effrayant :

C'en est fait du petit commerce, de la petite industrie!

C'en est fait des petites villes!

Tout désormais va se concentrer à Paris ou peut-être dans quelques grandes villes limitrophes ou ports de mer !

C'en est fait du petit commerce? de la petite industrie?...

Est-ce que l'homme des campagnes ira se pourvoir à Paris de ses sabots dont il fournit le bois, de ses habits de bure dont il fournit la laine, de son linge grossier dont il fournit le chanvre?

C'en est fait des petites villes?...

Mais il n'y aura donc plus de foires, plus d'assemblages des produits épars, plus de ventes en détail, plus de marchés? Le laboureur qui a quelques boisseaux de blé à vendre, le malheureux qui ne peut en acheter qu'un seul, iront donc l'un et l'autre à Paris?

Ces assertions absolues sont si évidemment *infondées* qu'il suffit presque de les énoncer pour les combattre. Mais ce qui est moins évident, c'est qu'il n'y ait pas quelque vérité dans cette assertion exagérée, et pour s'en assurer, pour se rendre un compte sérieux de cette crainte, il faut nécessairement pénétrer quelque peu dans le mécanisme social ; il faut rechercher quel rôle y jouent les divers ordres de population dont la société générale se compose.

Divers ordres de population. — Leur rôle dans le mécanisme social.

Toit domestique, villages, communes.

Produire, échanger, nous l'avons déjà vu, c'est toute la vie sociale.

La production est inséparable de l'habitation ; le toit domestique lui suffit ordinairement ; cependant les avantages de situation et de voisinage agglomèrent les habitations dans certains lieux plus favorisés par la nature et y forment des hameaux ou des villages, que des intérêts communs, tels que le culte, la municipalité, un bois, des pacages, groupent en *commune* autour du clocher.

Marchés.

L'échange a lieu ordinairement dans les marchés ; là, producteurs et commerçants se donnent rendez-vous. Le trajet ainsi partagé permet à chacun de rentrer chaque soir sous le toit domestique, et, par ce mécanisme, de faire servir à l'échange, sans nuire à la production, les instruments et les loisirs de celle-ci.

Il faut donc à chaque pays des lieux de marchés assez nombreux, assez variés, pour que le producteur ou le commerçant puisse *sans découcher* fréquenter ceux qui l'environnent, et dans leur variété, trouver pour tous ses produits, soit un échange réciproque ou de voisinage, soit un échange commercial.

Ainsi, de même que la production crée les hameaux, les villages, et limite l'étendue communale (1), de même l'échange détermine et espace (2) les marchés.

Les opérations sur chaque marché sont de trois espèces :

Bourg.

Entre les producteurs c'est un échange pour ainsi dire de voisinage. Les produits passent d'une main dans l'autre sans sortir du cercle du marché ; c'est le premier degré de l'échange, il forme le *bourg*.

Cité.

Entre le commerçant et le producteur s'établit le commerce de détail et d'assemblage. Les produits que chaque lieu livre à l'exportation sont ainsi recueillis dans les différents marchés, en échange de ceux que le commerce y importe ; puis rassemblés dans chaque contrée sur un marché central plus important où ils subissent un nouvel échange, soit entre eux, soit avec ceux que fournit le commerce général. Ce second degré de l'échange crée la cité.

Chef-lieu.

Enfin, entre les commerçants a lieu l'échange de transit. Les produits, nés et rassemblés autour d'une cité, passent dans une cité lointaine et empruntent soit au commerce de détail, soit aux producteurs eux-mêmes, des moyens de transport et des loisirs qui sans cela demeureraient incomplétement utilisés. Tantôt c'est un pays pasteur qui envoie ses bestiaux et ses fourrages à une contrée vinicole en échange de ses vins ; tantôt c'est un pays de montagne qui échange ses ardoises, ses chaux contre les céréales d'une contrée voisine. Tantôt c'est l'un et l'autre qui rassemblent leurs produits superflus en un lieu commun où le commerce général vient les prendre

(1) La distance moyenne qui sépare les communes de la France est égale environ à 4,300 mèt., c'est-à-dire un peu plus d'une lieue.

En Angleterre, la distance moyenne entre paroisses est égale à 3,900 mètres environ ; mais si l'on considère que souvent nos communes renferment plusieurs paroisses, on pourra en conclure que 4,000 mètres, c'est-à-dire une lieue, se trouve à peu près l'espacement moyen que le mécanisme social assigne à l'agglomération communale.

(2) La distance moyenne qui sépare les marchés, en France, est égale à 16,300 mètres environ, un peu plus c quatre lieues.

en échange de ceux qu'il y importe, puisés au loin dans l'industrie générale. C'est là le berceau du commerce général, le chef-lieu commercial.

Les deux premières opérations de l'échange sont à peu près semblables sur tous les points, et l'intérêt qu'elles présentent est tout local. Jusque-là l'échange a même conservé un caractère domestique. Il a emprunté à la production ses instruments et ses loisirs. Il a pu se faire sans *découcher*. Mais après il prend un caractère différent : il se généralise. Les produits agglomérés dans les chefs-lieux sont obligés, pour passer de l'un à l'autre, d'employer, à cause de la distance à parcourir, des moyens de transport indépendants du toit domestique.

Ce troisième degré de l'échange, qui part du chef-lieu, a donc un caractère cosmopolite, soit à cause des instruments qu'il emploie, soit parce que l'origine ou la destination des produits sur lesquels il opère, allant presque toujours se perdre au loin dans la circulation générale, il devient impossible de lui tracer un cercle d'intérêts autre que l'intérêt général de tout le pays.

Résumé

Les opérations de la vie sociale peuvent donc se résumer ainsi :

La production fait la commune ;

L'échange vicinal fait le bourg ;

Le commerce local fait la cité locale ;

Le commerce général fait la cité commerciale, le chef-lieu.

Cette division se trouve dans toutes les sociétés organisées. C'est qu'elle est l'âme de la sociabilité, et que ces quatre agents sont nécessaires pour tirer des ressources sociales le plus grand parti possible.

Diminuez le nombre des hameaux, des villages, faites des bourgs : aussitôt la production est entravée par une distance trop grande entre le champ et l'habitation.

Supprimez les bourgs, et bientôt surgissent des inconvénients aussi graves, plus nombreux. D'un côté, les producteurs, privés de marchés, sont réduits aux simples relations entre villages ; et l'expérience prouve que l'étendue de ceux-ci, commandée par la production elle-même, ne suffit pas aux simples besoins de l'échange local. D'un autre côté, la cité devient trop éloignée du village pour que le producteur et le commerçant puissent se mettre en présence, sans s'éloigner plus d'un jour du toit domestique.

Supprimez les cités, et il n'y aura plus dans chaque contrée partielle, déterminée par une similitude de production ou quelque autre cause naturelle, un point central d'assemblage d'où le commerçant de détail puisse se transporter sur les marchés environnants, y détailler ses échanges, et rentrer le soir dans son domicile avec les produits que la contrée peut livrer soit au pays voisin par le commerce local, soit au commerce général en passant par le chef-lieu.

Enfin, sans ville principale, point de lieu central où les produits exportables, épars dans une contrée étendue, puissent être rassemblés *d'une manière économique*, et offerts ainsi réunis au commerce général, qui ne les prend ni ne les livre autrement.

Diverses espèces d transports.—Leurs besoins respectifs.

Le mécanisme social que nous venons d'analyser conduit ainsi à distinguer trois espèces de transports :

Les uns sont purement d'exploitation et agricoles en très-grande partie ;

D'autres ont pour but de rassembler les produits disséminés dans les mains des producteurs, soit pour en faire l'objet d'un échange local, soit pour les offrir réunis au commerce général en échange de ses importations ;

Enfin, les transports commerciaux prennent les produits ainsi rassemblés pour aller les verser au loin dans la circulation générale.

Et chacun de ces transports a ses exigences particulières.

Transports d'exploitation.

Ainsi ce serait fort inutilement qu'on s'attacherait à disposer le chemin de l'agriculture pour mouvoir de grandes masses. Les produits que la nature dissémine sur le sol exigeraient, pour être ainsi réunis, des dépenses de main-d'œuvre plus fortes que l'économie présentée ensuite par le transport à l'habitation. Un tel assemblage serait d'ailleurs matériellement impossible partout où la propriété se trouverait fort divisée ; et puis, une agriculture perfectionnée exige, pour les engrais, plus de bestiaux qu'il n'en faudrait à ses transports. Ce serait donc en vain qu'on irait lui construire des canaux, des chemins de fer ; ce qu'il lui faut, ce sont des chemins enlevant à la culture le moins de terrain possible, abrégeant le trajet du champ à l'habitation, viables à toutes les époques où les transports agricoles doivent s'effectuer, et n'exposant pas à des accidents, à des secousses qui brisent les voitures, détériorent les produits et fatiguent les animaux.

Transports d'assemblage.

Les transports d'assemblage présentent à peu près les mêmes caractères et se rapprochent d'autant plus des transports d'exploitation que la propriété est plus divisée. C'est que le producteur n'a fini sa tâche que lorsque le produit est livré au commerçant ; et cette livraison n'a réellement lieu qu'après le transport au marché central. Jusque-là, les opérations de l'échange peuvent être diverses, mais elles conservent un caractère local : les transports demeurent domestiques et sont une utilisation des agents et des loisirs du producteur ; les produits ne marchent que par petites masses et sont exposés à parcourir plusieurs fois le même trajet avant de trouver leur écoulement définitif. Aussi n'est-ce pas encore sur cette nature de transports que les canaux et les chemins de fer peuvent exercer une notable influence.

Tansports commerciaux.

Les transports commerciaux ont un caractère tout différent. Le commerçant n'a pas, comme le producteur, un excédant de force motrice, et il tient les produits réunis en assez grande masse pour profiter de toutes les améliorations que reçoivent les routes sous le rapport du tirage. C'est lui surtout qui peut utiliser les chemins de fer et les canaux.

Rapport des divers ordres de population avec les chemins de fer.

Communes. — Bourgs. — Cités locales.

De tout cela ne résulte-t-il pas évidemment que les transports d'exploitation et les transports d'assemblage ; que la production, l'échange vicinal, le commerce local, resteront, après l'établissement des chemins de fer, tout ce qu'ils étaient avant ? La simple commune, le bourg, la cité locale ne peuvent donc rien perdre, et ils doivent au contraire gagner un accroissement considérable d'activité, de revenu, de capital immobilier, en un mot de richesses.

Ainsi sur les 37,163 communes de la France, en voilà déjà 37,000 qui, sans mélange d'aucune crainte, doivent faire les vœux les plus fervents en faveur des chemins de fer.

Chefs-lieux commerciaux.

Restent les villes principales, les chefs-lieux commerciaux, plus nombreux (1) que les chefs-lieux administratifs, mais qui, d'ordinaire, se confondent avec eux. Ici, il faut le reconnaître, les chemins de fer peuvent exercer une influence plus complexe; et encore qu'il ne s'agisse que de 3 millions et demi d'habitants, comme c'est là surtout que s'élabore la vie intellectuelle, leur décadence serait une véritable calamité.

Mais est-il donc vrai qu'elle soit à redouter? Est-il vrai que ces chefs-lieux soient menacés d'être absorbés par un seul ou par quelques-uns, ainsi que l'assurent les détracteurs des chemins de fer?

Que disent-ils donc pour appuyer cette désolante assertion?

Ils font remarquer la tendance générale qui porte les habitants des provinces à visiter Paris, à y faire *leurs emplettes*. Qu'on augmente, disent-ils, la facilité de s'y rendre, chacun voudra y revenir fréquemment, et toujours s'y approvisionner.

Voilà donc, s'écrient-ils alors, nos villes désertes! Plus de négociants, plus de bottiers, plus de tailleurs, plus de diligences, partant, plus d'aubergistes, plus de métiers en un mot, et tout cela par la venue des chemins de fer!

Je pense bien qu'on dut prétendre quelque chose de semblable aux époques diverses où l'on s'avisa de changer les sentiers en chemins, puis les chemins en routes. Cependant, à voir ce qui est advenu, il ne semble pas que les petites localités se soient amoindries à chacune de ces révolutions commerciales, et peut-être ce rapprochement eût-il dû suffire pour bannir tant de craintes. Mais non, cette lumière était trop simple pour agir sur des esprits effrayés. Quand c'est un fantôme qui fascine, pour qu'on ose le regarder, il faut le dépouiller.

Une partie du linceul, et la plus large, est bien tombée lorsqu'il a été prouvé à la commune, au bourg, à la cité locale, qu'il n'y avait chez eux aucun point vulnérable, et qu'il ne pouvait leur advenir que d'énormes bienfaits; lorsqu'il a été montré, dans la cité principale, à tout ce qui vit des affaires essentielles du pays, de l'assemblage de ses produits épars, de leur échange avec les objets importés, en un mot, à tout commerçant, à tout homme de métier qui s'en occupe, qu'il ne doit s'attendre qu'à voir augmenter l'importance de son occupation.

---

(1) La France possédait en 1836, 37,163 communes, 2,578 marchés. De là, en supposant qu'entre les cités locales il y ait dans tous les sens un simple marché intermédiaire, hypothèse parfaitement en harmonie avec le mécanisme social, on peut conclure que le nombre total des cités doit être égal à 644, et pour le trouver il faut presque arriver aux populations de 2,000 âmes.

Enfin, pour distinguer parmi elles les cités principales que nous avons appelées chef-lieux commerciaux, une considération semblable conduirait au nombre 160, et lui-même à une population de 5 à 6,000 âmes. Ce nombre de 160 cités principales est du reste pour la superficie de la France à peu près dans la même proportion que les 52 comtés anglais avec l'étendue de l'Angleterre.

Mais il reste encore un lambeau de l'épouvantail ; il reste ce qui effraye les négociants à brillants étalages, ceux qui vivent du clinquant des villes, si je puis le dire ; et comme ce clinquant attire et fixe les gens de loisir, leurs frayeurs gagnent bientôt la place publique, tout le monde a peur.

Et pourtant, est-il vrai que la tendance à s'approvisionner à Paris doive s'augmenter par l'établissement des chemins de fer?

Cette tendance, où prend-elle sa source? N'est-ce pas évidemment dans la croyance enracinée en tous lieux que hors de Paris on ne peut pas espérer de trouver les objets les plus récents, les plus perfectionnés, ceux en un mot qui satisfont le mieux aux besoins réels ou à l'amour-propre?

Et pourquoi cette croyance si générale? C'est que malheureusement elle n'est que trop fondée ; c'est que le mécanisme commercial du passé, dominé par la lenteur des communications, oblige le marchand à opérer par emmagasinage, c'est-à-dire à prendre à sa charge une quantité notable de chaque marchandise longtemps avant de l'avoir vendue. Il ne peut donc alors, sans la plus haute imprudence, se munir que de celles dont le débit sera bien établi dans le lieu de son négoce. Et citerait-on une seule ville en France autre que Paris, ce rendez-vous central et continuel de tous ceux qui peuvent avoir et satisfaire des fantaisies, en pourrait-on citer une où le commerce trouverait, en nombre suffisant, des acheteurs assez avides de se distinguer des autres pour saisir les produits à leur première apparition, alors qu'ils sont encore très-chers et inusités? En un mot, est-il en France un autre lieu que Paris où la première nouveauté puisse être *marchande* avec le mécanisme commercial actuel?

Evidemment non.

Mais changez ce mécanisme : faites que le négociant de province trouve dans vos communications une rapidité assez grande pour qu'il ait le temps de satisfaire, lui aussi, aux fantaisies qui lui seront manifestées avant qu'elles n'aient eu le temps de s'évanouir ; au commerce par emmagasinage, substituez le commerce par échantillon, vous verrez alors si les étalages de vos villes ne s'enrichiront pas bientôt de ces mille objets nouveaux qui donnent tant d'éclat aux magasins de la capitale.

Et lorsque chaque amateur de nouveautés *sera bien certain de trouver près de lui tout ce qu'il irait chercher au loin, toujours plus chèrement*, c'est près de lui qu'il prendra son fournisseur.

Et lorsque les fabricants sauront de leur côté que les produits, *dès leur apparition première*, peuvent trouver un écoulement par les étalages de provinces, pour tenir ceux-ci soigneusement munis de tous leurs échantillons, on pourra s'en rapporter à leur intérêt, car il sera immense.

En effet, quand un manufacturier invente un objet nouveau, il ne peut s'engager dans sa fabrication qu'avec timidité et chèrement aussi longtemps qu'il ignore l'accueil réservé à son innovation. Aujourd'hui, c'est à Paris seulement qu'il peut essayer la disposition du public. Pourtant ce qui lui importe presque toujours, pour arriver à une fabrication étendue et lucrative, c'est que l'innovation pénètre dans les masses en gagnant la province. Et combien de fois n'a-t-on pas vu une première vogue n'être que passagère et ne jamais franchir l'enceinte de la capitale! Alors, si le fabricant, trompé par cette fausse apparence, s'est élancé dans une fabrication étendue, il a pu se ruiner. Il eût évité cet écueil s'il eût pu consulter à la fois le goût général de la France.

Elle n'est donc qu'un paradoxe enté sur une tige périssable, cette prédiction de malheur, qui par les chemins de fer fait refluer à Paris toute la vie commerciale. Ces prétendus prophètes n'ont pas su voir que ces voies nouvelles vont mettre aux mains des commerçants aussi bien que des producteurs et des consommateurs, un instrument nouveau qui doit donner à tous, sans rien enlever à personne, ce qui n'est aujourd'hui que le privilége de quelques-uns. Est-ce donc là un moyen de déshériter précisément ceux qui n'ont pas?

Ils disent aussi que nos villes vont se dépeupler.

Et qui donc les abandonnerait?

Serait-ce l'homme laborieux dont l'agriculture ou l'industrie fait le bonheur près de ses terres ou de ses usines, alors que les chemins de fer viendront donner à ses occupations un attrait plus vif, en même temps qu'ils lui apporteront un moyen nouveau d'employer ses loisirs à satisfaire ses fantaisies les plus variées, les plus lointaines, sans nuire à ses intérêts sérieux et permanents?

Serait-ce l'homme de loisir qui, déjà aujourd'hui, préfère le calme ou les avantages de la ville provinciale, à l'éclat et aux avantages de la ville de Paris; serait-ce lui précisément alors qu'il ne sera plus obligé de se priver absolument de ceux-ci pour garder ceux-là?

Oui sans doute, par les chemins de fer Paris aura plus de visiteurs, mais ceux-ci ne deviendront pas pour cela ses habitants; et d'ailleurs, les Parisiens de leur côté ne seront-ils pas excités par ces voies rapides et faciles à renoncer quelque peu à leurs habitudes sédentaires, pour venir voir nos villes qu'ils ne connaissent pas, nos campagnes qu'ils admireront, qu'ils seront heureux d'habiter quelquefois, qu'ils voudront posséder peut-être?

Non, non, il n'y a que bonheur à attendre des chemins de fer. Conclusion générale.

Que l'agriculteur se rassure, ils viennent lui porter la possibilité de consacrer son champ aux cultures qui lui seront les plus lucratives et l'affranchir de celles qu'il ne gardait que par difficulté d'en importer les produits. Ils viennent donner à ses bestiaux, à toutes ses denrées un marché nouveau, vaste et assuré.

Que le manufacturier se rassure : désormais il ne manquera plus de matières premières; elles pourront lui venir de toutes parts, et partout aussi, ses produits exposés aux regards des populations, y trouveront promptement des demandes qui l'enrichiront, ou des refus qui l'empêcheront de se ruiner en l'avertissant qu'il fait fausse route.

Que le commerçant se rassure : en tous lieux les échanges ne pourront que s'accroître. Des exportations nouvelles, appelant de nouvelles importations, vont plus que jamais réclamer ses services et les rendre lucratifs.

Que le marchand des villes se rassure : les chemins de fer vont lui porter le commerce par échantillons et l'exonérer des capitaux énormes qui dormaient dans ses magasins. Désormais ses devantures se rempliront des produits les plus divers, les plus récents, et tous il pourra sans peine les procurer à ses clients, sans être pour cela condamné à les accumuler à l'avance et à s'exposer ainsi aux chances redoutables des méventes et des rebuts.

Que le voiturier, que le roulier se rassurent : ils n'auront plus, il est vrai, à poursuivre des voyages lointains ; mais, entre le chemin de fer et les lieux environnants, personnes et choses se remueront tellement, qu'ils y trouveront amplement pour eux et leurs attelages occupation lucrative et assurée ; et, à cet égard, rien n'est à deviner, l'expérience est faite sur tous les lieux qui possèdent des chemins de fer.

Que l'aubergiste se rassure : il ne verra plus, il est vrai, chaque jour, la diligence au long cours lui apporter en passant la rançon de quelque voyageur haletant de fatigue et de faim ; il aura mieux que cela : il aura pour clientèle cet innombrable concours de personnes que le mouvement commercial des affaires forcera à s'arrêter. Il aura le mandataire du fabricant venant placer ses échantillons ; il aura le fabricant lui-même, venant prendre le chemin de fer pour un voyage qu'il n'eût pu faire sans lui ; il aura les curieux devenus cosmopolites ; il aura, en un mot, toute cette agitation, productive de richesses ou de plaisirs, que les chemins de fer viendront inoculer à chaque pays.

Est-ce donc là pour tous le fléau promis ?

Combien de craintes cependant fermentent encore dans les esprits ! Partout elles s'exhalent beaucoup plus que les motifs d'espérance. Ceux-ci, lorsqu'ils parviennent à se faire jour, se montrent escortés du tableau effrayant d'accidents redoutables ou entourés d'un merveilleux qui provoque l'incrédulité ; tandis que les prétendus dangers, les bouleversements funestes, ceux-là on croit les toucher du doigt, et on les mesure avec effroi.

Et pourtant les chemins de fer ne s'arrêtent pas : malgré ces aveugles clameurs, malgré ces paniques alarmes, partout ils s'avancent.

Heureusement Dieu mène le monde !.....

§ II. De l'action des chemins de fer sur les rapports réciproques des peuples.

Jusqu'à ce jour les communications par terre étaient restées si lentes, si chères, si morcelées, qu'il était impossible à la plupart des produits de franchir les frontières du pays dans lequel ils avaient pris naissance. Quelques-uns seulement, les plus précieux, les moins encombrants, se hasardaient au delà en suivant les voies ordinaires, et parvenaient péniblement à gagner ainsi les premières villes importantes du peuple voisin. Là se bornait leur pérégrination continentale. Aller au delà n'était permis qu'à des objets si légers, si chers, qu'ils ne pouvaient voyager à l'adresse du pauvre. Quant aux matières encombrantes, quant à cette foule de produits à l'usage des masses, ceux-là, pour se mouvoir à travers les nations, n'avaient que la mer ou les grands fleuves. On peut le dire avec vérité, il n'y a pas eu jusqu'à ce jour de transit *continental*; et c'est là ce qu'apportent les chemins de fer.

Mission finale des chemins de fer.

C'est une habitude nouvelle qui vient s'implanter au milieu des sociétés humaines et leur apporter tout un avenir.

Transit continental.

Simplement tolérée dans l'origine, elle ne sera d'abord qu'un échange de bons offices entre les peuples. Mais à l'abri de leurs mutuels intérêts, elle saura prendre des racines assez puissantes pour devenir un jour indestructible. Alors la liberté des terres s'inscrira dans le droit des gens à côté de la liberté des mers; alors il y aura sans doute encore des pays différents, de grandes provinces diversement administrées, il n'y aura plus qu'une seule nation; et le rêve honnête des esprits cosmopolites se trouvera réalisé dans ce qu'il a d'essentiel, de souhaitable pour l'humanité tout entière : pour les faibles, qui grandiront à l'abri de tous; pour les forts eux-mêmes, qui n'auront perdu leur domination inquiète et périlleuse que pour la remplacer par une prospérité calme et assurée.

Malheureusement ce n'est là que de l'avenir, et la civilisation est encore forcée de vivre avec la multiplicité des nations. Voyons donc en peu de mots, pour compléter nos aperçus sur l'action des chemins de fer, ce que doivent attendre de ces nouveaux venus les rapports internationaux *actuels*, ceux qui nous touchent immédiatement.

Période de transition.

Ceux-là trop longtemps encore pourront être de deux espèces, pacifiques ou belliqueux.

Les premiers, grâce à Dieu, occuperont sans doute longuement la scène du monde dans cette période de transition où les chemins de fer vont préluder à leur grande destinée. Les gouvernements seront assez éclairés, les nations assez raisonnables pour hâter de leur mieux cet avenir cosmopolite que nous apercevions tout à l'heure dans le lointain. Chaque peuple, en ouvrant chez lui les voies à sa prospérité intérieure, aura soin de les disposer de manière à les rendre utiles aux peuples voisins. Et ce ne sera point là du désintéressement, car il y trouvera profit, lui tout le premier, par les relations commerciales qu'il s'ouvrira de la sorte.

Rapports pacifiques. Voies internationales.

Voies de transit.

Sa générosité commencera seulement alors qu'il prêtera ses chemins au transport des produits échangés entre les peuples qui l'environnent et transitant sur son territoire sans presque y laisser d'autre trace que l'impression faite sur ses voies par les roues qui les auront transportés.

Mais cette générosité elle-même restera-t-elle sans récompense? Ne sera-ce rien que de conquérir ainsi une bienveillance réciproque de la part des nations qui l'entourent? Ne sera-ce rien que d'attacher par des liens solides la prospérité de ses voisins à son existence propre, à son repos?.....

Quel serait donc le moyen plus puissant d'assurer à son avenir une longue paix et à son influence une clientèle indissoluble? Combien elle se montrerait aveugle la nation qui rabaisserait ces questions au niveau d'un calcul étroit, égoïste! La plus habile, la mieux avisée, tout en satisfaisant à sa prospérité intérieure, son premier besoin, saura se prêter à la prospérité de sa voisine, au risque même de paraître dupe. Ce n'est point là du don-quichotisme, comme on le dit quelquefois avec dédain, c'est de la bonne politique, qui a le précieux avantage d'être à la fois généreuse et utile.

Rapports belliqueux.

Quant aux rapports belliqueux, il semble impossible, à ne considérer que la destinée finale des chemins de fer, de trouver en eux un instrument de guerre. Et pourtant rien n'est plus vrai. Mais la guerre qu'ils viennent aider à faire n'est pas celle qui va porter au loin le fer et le feu; c'est la guerre qui pourra s'appeler sainte tant qu'il existera des nations, celle qui défend le territoire national.

Qu'un pays sillonné de voies de fer ait à répondre à une agression extérieure, à l'instant même toute sa force, toute sa vie se portent sur le point menacé; et quelque prompte, quelque imprévue que soit l'attaque, la résistance n'est jamais prise au dépourvu.

Si poussant plus loin sa témérité, l'assaillant se hasarde sur le territoire de son voisin, en quittant le sien il abandonne le point où il avait le pied sûr et y laisse toute sa force nationale pour s'aventurer sur un sol qui à son approche se dépouille pour lui de toute force organisée, tandis que la puissance de son ennemi, refoulée au sein même de son organisation et y prenant à chaque pas plus de ressort, se tient constamment présente et tout entière, grâce à ses chemins de fer, dont elle seule dispose parce qu'ils font retraite avec elle.

Si l'assaillant attaque plusieurs points à la fois, sa situation devient encore plus critique. Ses forces s'affaiblissent en se divisant, alors que son ennemi, grâce encore à ses chemins de fer, peut en quelques instants, toujours avec sa puissance *entière*, se présenter successivement sur chaque point assailli, pour y écraser en détail les forces divisées de l'envahisseur.

Conclusion.

En un mot, les chemins de fer peuvent tout pour la défense, rien ou presque rien pour l'attaque.

Ainsi leur destinée n'est pas seulement d'enlacer les peuples par des habitudes générales imposant la paix; elle est aussi de donner force partout contre la guerre.

Quelle mission pouvait être plus bienfaisante pour l'humanité!.....

§ III. Du tracé des chemins de fer sous le rapport des obstacles opposés par le relief du pays traversé (1).

Historique des modifications que les règles des tracés ont subies.

L'art des chemins de fer, si jeune encore, a pourtant vécu assez longtemps pour s'être vu successivement ballotté entre les errements les plus contradictoires.

Aux premiers jours de sa naissance, ce fut une immense latitude laissée à l'établissement de ces voies nouvelles. Pentes et courbures furent, pour ainsi dire, sans limites. Les rails-ways sortaient alors des mines britanniques, où le service des minerais et des houilles était à peu près leur unique destination, les chevaux et quelques machines fixes, les seuls moteurs qu'ils sussent employer ; et avec les machines fixes ou le pas des chevaux, alors surtout qu'il ne fallait transporter que des matières inanimées, les pentes les plus rapides, les courbes les plus serrées n'offraient que de médiocres inconvénients.

Aussi nos deux premiers chemins de fer, qui unissent Saint-Étienne à Lyon et à Roanne, subirent-ils tous les effets de ces idées. Des pentes raides, des plans inclinés, des courbes à rayons très-courts, tout cela y fut fréquemment employé.

Mais un jour on vit venir une machine à vapeur mobile, et avec elle sa prodigieuse vitesse de locomotion qu'on eût en vain demandée à tous les autres moteurs. Les rails avaient fait révolution dans les routes, les locomotives firent révolution dans les rails-ways.

Il ne fallut pas de grands efforts de prévoyance pour deviner que cette rapidité, une fois inventée, devait être un jour la dominatrice des relations sociales ; et ce nouveau service rendu par les voies de fer, effaçant bientôt dans les imaginations tous ceux qu'on s'était borné à leur demander jusque-là, on arriva promptement à n'estimer les rails-ways que pour cette miraculeuse vitesse, et on ne les sépara plus de leurs locomotives.

Alors les conditions du tracé changèrent totalement. Les facilités originelles disparurent, et l'on n'admit plus que des courbes très-ouvertes avec des pentes insensibles.

Des courbes ouvertes,—parce que, d'une part, cette prodigieuse rapidité, désormais inhérente aux chemins de fer, détermine à chaque courbe un danger de projection hors la voie, qui croît considérablement à mesure que le rayon se raccourcit ; parce que, d'autre part, la simplicité de construction dans les voitures les rendant plus roulantes sur les parties droites, et considérée d'ailleurs comme seule compatible avec une solidité capable de résister aux effets de cette grande vitesse, cette simplicité détermine dans les courbes, et surtout contre les bords des rails, des frottements

(1) Quelques parties de ce paragraphe ont déjà été communiquées au Conseil général du Lot, qui en a ordonné l'impression. Malgré cette publicité anticipée, elles demeurent ici dans les mêmes termes parce qu'elles s'y trouvent à leur place, et qu'il est d'ailleurs inutile de varier l'expression quand la pensée n'a pas changé.

durs, des glissements qui absorbent une partie notable de la force motrice, et détériorent considérablement rails et voitures.

Des pentes insensibles, — parce que, d'un côté, la puissance locomotrice n'est obtenue qu'à l'aide de machines lourdes dont le poids, peu exigeant tant qu'il se meut horizontalement, prend pour lui une partie notable de la force, dès qu'il doit monter; parce que, d'un autre côté, plus est faible l'effort nécessaire au simple roulement sur les rails, plus est grande *comparativement* la force consommée par l'ascension, qui, elle, ne peut être amoindrie par aucune découverte, appelée qu'elle est à croître invariablement comme l'inclinaison, et à tel point qu'il suffit d'une pente de 2 millimètres 7 dixièmes pour doubler la résistance présentée par le roulement horizontal. Puis, comme la machine locomotive ne peut varier sa puissance que dans des limites bornées, pour bien utiliser les dépenses, il faut donc, ou ne pas lui demander de monter, si elle doit bien servir quand elle traîne horizontalement; ou si on la veut organisée pour gravir des pentes même faibles, se résigner à la voir très incomplétement utilisée en trajet horizontal, plus incomplétement encore à la descente; et quand il y a montée dans un sens, il y a nécessairement descente au retour.

Enfin, la question de sécurité, peu influente aussi longtemps que les chemins de fer gardèrent leur mission originelle de transporter seulement certaines matières inanimées, puisa tout à coup une véritable importance dans les précautions dues à la vie des voyageurs, *nécessité de premier ordre*. Alors l'angle du frottement, c'est-à-dire cette inclinaison au delà de laquelle les voitures se mettraient en mouvement par elles-mêmes, sans la volonté de l'homme; la même qui en montant double la résistance du roulement et qui est égale, je le répète, à 2 millimètres et 7 dixièmes seulement, cette inclinaison fut tout d'abord considérée comme une limite imposée à la fois par l'économie et par la prudence.

Quant aux courbures, pour des motifs semblables, on n'en voulut plus que d'un rayon supérieur à 1000 mètres.

Telles furent les idées absolues qui saisirent les esprits aussitôt après la découverte de la machine locomotive. Nées en Angleterre, ce pays où les capitaux ne manquent jamais aux pensées extraordinaires, *erreurs* ou *vérités*, elles furent, trop légèrement je crois, adoptées en France qui n'est pas le pays des capitaux superflus; et c'est sous leur empire que furent tentés nos premiers efforts pour la construction des railsways.

Chacun sait leur insuccès. A l'œuvre on s'aperçut que ces conditions rigoureuses étaient trop peu en harmonie avec le relief de notre sol pour ne pas dépasser notre puissance financière. Alors seulement on songea à s'enquérir sérieusement de leur utilité réelle, et l'on arriva bien vite à reconnaître qu'on avait manqué le but, en le dépassant sous les deux points de vue de la sécurité et de l'économie.

Question spéciale des pentes. — Conditions de sécurité.

Et d'abord, quant à la question des pentes, on n'avait pas assez remarqué que si une inclinaison supérieure à l'angle du frottement permet, à la vérité, à une voiture quelconque de se mettre en mouvement d'elle-même, elle est loin toutefois de lui laisser la faculté de prendre une rapidité indéfinie. La résistance de l'air, qui est là aussi inévitable que la pesanteur, et qui s'accroît très-rapidement avec la vitesse, assigne à celle-ci une limite que la voiture ne saurait dépasser; et l'expérience a démontré qu'un convoi de wagons, séparé de sa locomotive et abandonné à lui-même sur une descente, prendra pour plus grande vitesse,

Savoir :

Avec 3 millimètres de pente, 13 kilomètres et demi (3 lieues un tiers) par heure;

Avec 6 millimètres, 41 kilomètres (10 lieues un quart) par heure;

Avec 9 millimètres, 56 kilomètres et demi (14 lieues un huitième) par heure;

Avec 12 millimètres, 68 kilomètres et demi (17 lieues un huitième) par heure;

Avec 15 millimètres, 78 kilomètres (19 lieues et demi) par heure.

La première vitesse est celle de nos bonnes diligences;

La deuxième, celle des chemins de fer ordinaires;

La troisième, celle des transports lents sur les chemins de fer organisés récemment en Angleterre pour les grandes vitesses;

La quatrième, celle des transports rapides sur ces mêmes chemins;

La cinquième, enfin, est la rapidité que prennent assez souvent les machines de secours lorsqu'elles se rendent sur le lieu d'un accident.

Par ce premier rapprochement, on serait tenté de conclure, de la pratique même des choses, que la témérité ne commence qu'après 15 millimètres de pente.

Evaluation du choc dans un arrêt subit.

Mais il y a une grande différence, il ne faut pas l'oublier, entre une vitesse qu'on se donne volontairement, qu'on peut d'ailleurs modérer sitôt qu'on le veut, et cette circonstance accidentelle, malheureuse, où quelques voitures sont entraînées sur une pente malgré elles, sans aucun moyen de diminuer leur vitesse, et arrivent partout inattendues.

Dans le premier cas, il est hors de doute que si une cause d'arrêt se présente, ce ne sera jamais assez inopinément pour que l'on n'ait pu, avant le choc, notablement amortir la rapidité.

Dans le second, au contraire, ce qui est le plus probable, c'est un choc, presque subit et à toute vitesse, contre quelque obstacle infranchissable; ou bien la rencontre d'un convoi marchant en sens contraire, ce qui serait pire encore, car alors les deux seraient atteints en même temps; et pour avoir une idée de la violence de ce choc, il suffit de savoir qu'un corps abandonné dans le vide à sa gravité n'atteindrait ces diverses vitesses qu'après être tombé,

Savoir :

D'une hauteur de 0 mètre 71 centimètres (2 pieds un sixième) pour la première (3 millimètres de pente);

De 6 mètres 67 centimètres (20 pieds) pour la deuxième (6 millimètres de pente);

De 12 mètres 52 centimètres (38 pieds) pour la troisième (9 millimètres de pente);

De 18 mètres 38 centimètres (55 pieds) pour la quatrième (12 millimètres de pente);

De 24 mètres 32 centimètres (73 pieds) pour la cinquième (15 millimètres de pente).

Ces nombres sont effrayants; mais il faut se hâter de dire que la commotion a ici moins de gravité que dans une chute sur le sol même, où le corps vient frapper contre une matière dure, indéfiniment résistante, et sans qu'il ait pu prendre la position la plus convenable pour amoindrir autant que possible les terribles effets de ce choc. Dans le cas qui nous occupe, tout peut au contraire être disposé à l'avance et en vue de ce funeste événement : des coussins, des ressorts combinés peuvent amortir le coup; et puis le corps, se présentant dans la situation la moins dangereuse, s'appuie à la fois par un grand nombre de points qui amoindrissent, sinon la pression totale, du moins ses inégalités toujours redoutables.

Cette considération peut rassurer sur les deux premières pentes; mais la confiance s'affaiblit déjà beaucoup quand on atteint la troisième (9 millimètres), qui donne l'équivalent d'une chute de 39 pieds. Je ne pense pas que quelqu'un fût tenté d'affronter 12 millimètres, qui mettraient en présence d'une chute de 55 pieds.

Quant à la pente de 15 millimètres, qui conduirait à un équivalent de 73 pieds de chute, il est clair qu'elle dépasse de beaucoup les limites de la prudence.

Des considérations que je viens d'exposer sur la question de sécurité, découlent déjà les conséquences suivantes :

1° La vitesse, quand on se la donne *volontairement*, avec pouvoir de la modérer au besoin, peut aller sans inconvénient, suivant expérience faite, jusqu'à 15 ou 16 lieues par heure.

2° Jusqu'à 6 millimètres de pente, le danger des vitesses *involontaires* peut être conjuré; et lorsqu'on se donna, sous ce rapport, 3 millimètres pour limite supérieure, en exagérant ainsi la prudence, on manqua le but; car cette condition, pouvant entraîner des percements plus longs et plus nombreux, ou de gigantesques terrassements, risquait de créer pour les voyageurs plus de véritables périls qu'elle ne serait destinée à en éviter.

3° Au-dessus de 6 millimètres, la vitesse *involontaire* possible fait courir des dangers réels que des dispositions intérieures de voiture peuvent amoindrir sans les faire disparaître, et ils croissent tellement vite par l'inclinaison, qu'avec la pente de 12 millimètres, ils deviennent, nonobstant toute précaution humainement possible, une cause presque certaine de mort.

Et, ne l'oublions pas, ces conséquences sont absolues, quels que puissent être les perfectionnements à venir, soit dans la voie, soit dans les moteurs; car la descente involontaire doit malheureusement se supposer dans tous les systèmes, et conduire toujours tout au moins aux mêmes conclusions.

Conclusion sur les Conditions de sécurité.

Ainsi déjà, sous le seul rapport de la sécurité, nous avons vu la possibilité, sans danger trop redoutable, et alors la convenance parfaite d'étendre jusqu'à 6 millimètres de pente la latitude laissée aux tracés des chemins de fer; mais aussi en même temps une limite posée aux espérances exagérées, car il est évident qu'à toute époque il ne faudra dépasser 12 millimètres de pente *généralisée* que pour satisfaire à la plus impérieuse nécessité.

Conditions d'économie.

Passons à la question d'économie.

Ce champ est plus ouvert au génie inventif de l'homme ; et pour procéder d'une manière convenable, disons d'abord ce qui est maintenant par les moyens d'aujourd'hui : nous saurons mieux ainsi ce qu'il faut demander à l'avenir ; et peut-être parviendrons-nous à prévoir dans quel cadre nos espérances doivent être renfermées, si nous voulons éviter de prendre de fantastiques illusions pour des probabilités sérieuses.

Ici la construction de la voie lutte avec l'exploitation ultérieure. Il est évident que la première demanderait la plus grande latitude dans les règles du tracé, afin de le plier le plus économiquement possible au relief du pays. L'autre, au contraire, vient les restreindre pour échapper à ses dépenses, faibles sans doute vues en détail, mais qui finissent par devenir très-pesantes par leur incessante répétition, et puis surtout par les entraves et les désavantages jetés ainsi pour toujours sur les relations générales du pays.

Frais d'exploitation.

L'exploitation a des frais de deux natures : les uns, indépendants des conditions du tracé, proviennent de la perception et de la surveillance générale. Les autres, affectés par ce tracé, constituent principalement les dépenses de locomotion proprement dite, qui tiennent surtout à la force motrice, à sa constitution, à sa nature.

Ce n'est, je le comprends, ni le lieu, ni le moment de s'appesantir sur les détails théoriques de la machine locomotive. Je dois cependant, pour être intelligible, dire sommairement ses défauts ; car, tout admirable qu'elle est, elle en a de fort grands, et c'est d'eux que dépend surtout la question qui m'occupe en ce moment.

Un premier défaut, c'est, je l'ai déjà dit, le poids considérable (1) de l'appareil vaporisateur qu'elle est obligée d'emporter avec elle, et qui, exigeant ainsi des frais de transport notables, commande de tirer du moins tout le parti possible de ce lourd instrument.

Un second défaut qui aboutit à la même exigence, c'est que lorsqu'un appareil vaporisateur mobile est créé, la quantité de combustible qu'il consomme est à peu près la même, quel que soit le parti obtenu de sa vaporisation.

Un troisième défaut non moins capital, c'est que le maximum de vaporisation étant soigneusement maintenu, on n'obtient pas pour cela le maximum de puissance de la vapeur créée. Celui-ci n'est fourni qu'au moment où on lui donne à vaincre une résistance exigeant toute la tension dont la chaudière est susceptible ; de telle sorte que s'il y a variation dans l'effort nécessaire à la traction, ce qui arrive inévitablement entre l'aller et le retour, chaque fois que le chemin n'est pas horizontal, tout ce qu'on peut faire, c'est d'organiser le convoi pour une utilisation complète de

---

(1) Ce poids est, à la vérité, employé à créer la force d'adhérence des roues motrices. Il n'en est pas moins certain que toute innovation qui tendrait à alléger les locomotives, tout en maintenant leur puissance, serait une amélioration ; car l'allégement pourrait porter sur les roues non motrices, ou même être compensé, au besoin, par un poids additionnel formé par des matières utilement transportées.

la dépense au moment du plus fort tirage ascendant ; et alors, pendant tout le reste du temps, soit à l'aller, soit au retour, quoiqu'on fasse toujours presque la même dépense de combustible et de conduite, on ne produit qu'une force moindre.

Un quatrième défaut, enfin, c'est que l'on n'est pas plus maître de la vitesse du transport que de la tension de la vapeur. La même cause qui affaiblit celle-ci quand la résistance diminue, accélère forcément le mouvement si la vapeur est toute employée ; de telle sorte que si un chemin est en pente, le convoi et la machine étant organisés pour la meilleure utilisation de la dépense à la montée, lorsqu'elle descendra, pour tirer un parti du moins complet de son incomplète puissance, il faudra qu'elle puisse prendre toute sa rapidité. Alors on tombe dans l'inconvénient d'augmenter la résistance de l'air, et on arrive assez promptement à dépasser la limite de vitesse que commanderaient la sécurité des voyageurs et la conservation soit de la voie, soit du matériel.

Conclusion sur les conditions d'économie.

Tous ces défauts des machines locomotives, le dernier surtout, contribuent à fixer la limite des pentes ; car le problème qu'il s'agit de résoudre, c'est de trouver l'inclinaison où la rapidité de descente obtenue avec toute la puissance de la machine ne dépasse pas la vitesse la plus grande qu'il est permis, sans témérité et sans dégradation fâcheuse, de se donner volontairement.

Cette vitesse, nous l'avons dit plus haut, semble fixée par la pratique à 15 ou 16 lieues par heure, et c'est la pente de 6 millimètres qui la procure à la descente avec une machine et un convoi organisés pour le maximum d'effet utile à la montée.

Si maintenant on réunit la montée et la descente, et qu'on cherche le temps total mis à les parcourir l'une et l'autre, temps qui règle, en définitive, la dépense du transport, car les frais de vaporisation et de conduite croissent comme lui ; on trouve que jusqu'à 3 millimètres de pente, et avec la vitesse moyenne de 10 lieues par heure, il n'y a vis-à-vis de l'horizontalité absolue qu'un désavantage vraiment insensible, et qu'à 6 millimètres il est encore très-faible.

Au delà, il croît rapidement, parce que la vitesse descendante, bornée toujours au maximum dans un intérêt de sécurité publique et de conservation du matériel, ne peut plus utiliser toute la force disponible, laquelle pourtant coûte si cher à transporter.

Cette inclinaison de 6 millimètres présente donc l'avantage d'être la dernière qui puisse employer toute la force que la locomotive conserve à la descente, sans faire courir de trop grands dangers aux voyageurs, sans trop détériorer le matériel et la voie, en un mot, sans que l'économie dans les frais de traction proprement dite ait encore à souffrir notablement.

Si l'on ajoute que dans les frais d'exploitation entrent, pour une part notable, les frais généraux d'entretien de la voie, de surveillance et de perception, qui ne changent nullement avec les pentes ;

Si l'on réfléchit que l'incomplet des voyages, inhérent au caprice des affaires, se fait plus sentir à l'état de niveau qu'à l'ascension ;

On demeurera convaincu que les frais d'exploitation sont à peine affectés par l'adoption, même générale, de pentes égales à 6 millimètres ;

Si donc on songe à l'importante économie que peut présenter pour les tracés la substitution des pentes de 6 millimètres aux pentes de 3 ;

Si l'on se rappelle, d'un autre côté, que la question de sécurité désigne la pente de 6 millimètres comme la première, en descendant l'échelle des inclinaisons, qui puisse échapper à tout danger, alors même que la vitesse est involontaire ;

En rapprochant ces deux circonstances de cette autre particularité qu'en montant l'échelle, cette pente se trouve aussi la dernière de celles que semble permettre l'intérêt des frais d'exploitation ;

On est forcé de conclure que cette pente de 6 millimètres semble désignée, par toutes les considérations les plus diverses, comme la plus convenable à adopter, toutes les fois que l'on est aux prises avec des difficultés topographiques sérieuses.

La latitude dans les inclinaisons, même généralisées, s'arrêtait donc, mal à propos, à 3 millimètres, il y a quelques années.

Mais doit-on facilement laisser dépasser le terme de 6 millimètres ?

C'est la question qui se débattait hier encore entre l'Etat et les compagnies.

Controverse entre l'Etat et les compagnies sur les conditions des tracés.

Celles-ci, dominées surtout par le présent, par l'utilité actuelle d'amoindrir le capital de construction pour diminuer le nombre des actionnaires, et donner ainsi aux actions leur plus grande valeur, et *le plus promptement ;*

Celui-là, songeant aussi au lendemain qui aura à compter avec les frais d'exploitation, et à la vie des voyageurs, toujours compromise par des pentes trop fortes.

Les compagnies, demandant à chercher dans l'augmentation des pentes une diminution des frais de construction, et à utiliser les machines de réserve comme machines de renfort, pour échapper, en même temps, le plus possible à l'accroissement des frais d'exploitation ;

L'Etat, répondant que les machines de réserve devant toujours, par leur institution même, être tenues prêtes à agir pour porter secours au besoin, perdraient leur caractère et leurs avantages de sécurité publique, le jour où on les soumettrait aux mêmes accidents que les machines voyageuses, et précisément sur les points où une pente plus forte viendrait multiplier et aggraver les périls ; que la sagesse conseille donc de ne pas permettre cette dérogation générale à la destination si nécessaire des machines de secours ; qu'il vaudrait autant les supprimer (1) ; que d'ailleurs l'ascension

(1) L'utilisation des machines de réserve est une des questions économiques les plus dignes d'intérêt parmi celles que peut soulever le service des chemins de fer. On n'en compte pas moins d'une par station principale, et c'est souvent le double des machines en mouvement pour les convois rapides. Mais pour atteindre ce but secondaire sans manquer le but essentiel, il faut leur chercher un emploi spécial qui ne les expose pas aux mêmes accidents que les machines voyageuses, et qui ne soit pas assez exigeant pour ne point leur permettre une interruption accidentelle motivée par la nécessité de porter secours au convoi principal.

C'est, comme on le voit, un problème assez difficile à résoudre. Il semble pourtant qu'on end'une forte inclinaison n'étant pas l'unique inconvénient, et la descente en offrant de plus graves encore, des machines de renfort spéciales, alors même qu'on se déciderait à en établir pour des pentes fortes, laissent encore sans solution une grande partie de la difficulté.

Les compagnies invoquant, à l'appui de leurs demandes, les perfectionnements attendus de l'avenir, qui pourront reculer la limite supérieure des pentes ;

L'État répondant qu'il y aurait haute imprudence à livrer ainsi cette grave question au hasard de simples possibilités ; que les tracés une fois détériorés, les chemins demeuraient sans emploi ou très-dangereux, si ces espérances venaient à ne pas se réaliser ; tandis qu'en se renfermant dans les conditions conseillées par l'état présent de l'art, les tracés qui en seraient le résultat garderaient toujours l'avantage de leurs pentes faibles, moins grand tout au plus s'il arrivait quelque heureuse découverte, mais toujours notable en dépit de toute innovation. Les sacrifices faits pour l'obtenir ne pourraient jamais alors être considérés comme demeurés sans compensation, *puisqu'ils laisseraient l'industrie nationale en possession d'une viabilité plus parfaite pour lutter avec ses rivales.*

Toutes les questions nées de cette controverse entraîneraient trop loin, s'il fallait les traiter comme elles le méritent. Je laisse donc le débat se prolonger et se résoudre par la force des faits, et je me borne à conclure, de toutes les considérations qui précèdent, les règles de conduite qui peuvent, sous le rapport des pentes, servir de guide dans le tracé des chemins de fer.

Conclusions sur les pentes généralisées.

Elles me paraissent aussi simples qu'incontestables, et selon moi, les voici :

1° Il est vrai que les tracés horizontaux sont mathématiquement les plus avantageux ; mais, jusqu'à des pentes de 3 millimètres, la pratique des choses ne trouve pas la différence appréciable ; et ni la sûreté des voyageurs, ni l'économie dans

---

trevoie comme une solution dans l'emploi de ces machines au service des stations intermédiaires, dont l'objet unique est la satisfaction des besoins purement locaux. Dans une grande ligne, le service des convois généraux doit évidemment en être distinct ; et il semble possible de combiner une organisation qui, faisant partir de la station principale la locomotive de réserve peu de temps après le passage du convoi général, lui donne à distribuer ou à recueillir, sur tout l'espace compris entre les deux stations principales voisines, voyageurs et marchandises ayant une destination ou une provenance intermédiaires.

Dans cette combinaison, le service général ne serait pas moins assuré que par le passé, puisqu'on se tiendrait toujours prêt à lui sacrifier accidentellement le service local ; et celui-ci, dont l'interruption n'aurait jamais que des inconvénients beaucoup moins graves, pourrait d'ailleurs être secouru à son tour par la locomotive du service local voisin, à son arrivée à la station commune.

Je ne sais si la pratique des choses laisserait la sécurité publique suffisamment sauvegardée par la réalisation de cette pensée. En tout cas, cette voie offrirait, ce me semble, à la solution du problème, plus de ressources que l'emploi des machines de réserve comme renfort aux montées ; car il va, lui, directement contre le but de leur institution.

l'exploitation, ne semblent intéressées à gêner le moins du monde, jusqu'à cette limite, l'établissement de la voie.

2° De 3 à 6 millimètres, la sécurité est encore à peu près désintéressée; et quant aux frais d'exploitation, ils ont si peu à y perdre, que le plus léger avantage de direction obtenu d'ailleurs par la pente la plus forte la rend, en définitive, préférable aux autres.

3° Au-dessus de 6 millimètres, et lorsque la pente est généralisée, il y aura manque de sécurité, et accroissement sensible de frais de traction tant que vivra le système actuel des voies de fer et des moteurs.

Pentes exceptionnelles

Dans tout ce qui précède, je n'ai parlé que des pentes généralisées. J'entends par là la plus forte inclinaison qui, se rencontrant dans toutes les régions d'une longue ligne, préside nécessairement à la constitution des machines et à l'organisation des convois. Mais il peut y avoir aussi des pentes exceptionnelles ne se trouvant qu'en un petit nombre de points, et qui se règlent alors par d'autres principes pour qu'elles ne réagissent pas sur la composition fondamentale des convois.

Pentes spéciales aux abords des stations et des tunnels.

Ainsi, par exemple, aux deux abords de chaque station et à tous les points où il est utile de ralentir la vitesse générale, on doit, quand on le peut, ménager une pente plus forte qui arrête à l'arrivée, et accélère au départ. Mais alors celle-ci est bornée dans sa longueur, de manière à finir dès que la vitesse convenable est atteinte. Elle ne peut donc jamais présenter aucun danger, tandis qu'elle procure une véritable économie, en utilisant la vitesse acquise qui serait perdue si le frein devait être le seul moyen d'arrêt, et en abrégeant le temps employé au trajet, par l'accélération au départ.

Il existe aussi, et trop souvent, des obstacles exceptionnels qui ne peuvent être franchis absolument, ou du moins raisonnablement eu égard aux dépenses, avec la pente générale adoptée pour la ligne. Il faut bien alors en prendre une plus forte; et afin de ne pas laisser réagir celle-ci sur l'organisation générale des convois, on tient des locomotives de renfort stationnant spécialement sur ces points exceptionnels, toujours allumées, toujours prêtes à se joindre aux convois ascendants, et à les accompagner tant que dure la pente d'exception, pour revenir aussitôt après à leur poste.

Inutile de dire que c'est là une traction fort chère; c'est aussi un point où la descente peut avoir des dangers. Aussi n'est-ce que pour répondre à une véritable nécessité qu'il faut s'aider de telles combinaisons; et alors encore des précautions exceptionnelles de surveillance doivent être établies pour conjurer autant que possible le danger, beaucoup moindre toutefois lorsqu'il n'est qu'une exception sur la ligne, parce qu'il fixe davantage l'attention des surveillants et des voyageurs.

Le système des renforts est poussé quelquefois jusqu'à l'emploi de deux locomotives supplémentaires. Au delà, la pente ne pourrait être ordinairement que fort courte, et une machine fixe deviendrait préférable à tous égards.

Question spéciale des courbes. — Considérations générales. — Insuffisance de la théorie

Je passe à la question des courbes.

Il n'en est pas qui ait plus exercé la sagacité des théoriciens; il n'en est pas qui ait mis plus en défaut les résultats de leur analyse. On a vu les plus habiles obligés de dénoncer eux-mêmes le lendemain leur calcul de la veille. On a vu celui-ci proclamant aujourd'hui la dangereuse influence des courbes; celui-là, demain, leur parfaite innocuité ; l'un, redoutant beaucoup la vitesse de la marche ; l'autre, s'en inquiétant à peine, ou plutôt la souhaitant comme un auxiliaire dans les mouvements qu'exige la rotation du véhicule ; et, au milieu de toutes ces contradictions scientifiques, la pratique des choses montrant tous les jours aux effrayés des courbes fréquemment employées sans que les voyageurs s'abstiennent de les parcourir ; aux confiants, les courbes constamment détériorées, la vitesse toujours ralentie, des déraillements réitérés, et d'autant plus que la rapidité de la marche est plus grande, le rayon de courbure plus petit.

C'est qu'ici les calculs les plus compliqués ont grand'peine à tenir un compte exact de chacun des éléments de la question. Les faire pressentir, sans détermination algébrique, est, je crois, tout ce qu'il est aujourd'hui possible d'essayer utilement ; et encore, ce sera grâce aux enseignements de l'expérience, qui, tout incomplets qu'ils sont, peuvent néanmoins suppléer à peu près à l'impuissance de l'analyse directe.

Force centrifuge. — Son importance.

La question des courbes tire toute son importance, j'ai déjà eu occasion de le dire, de la grande rapidité désormais inséparable des transports sur chemins de fer. La vitesse, chacun le sait, donne naissance sur les courbes à la force centrifuge qui, en poussant constamment le véhicule vers l'extrados, fait naître des frottements particuliers, puis un danger de déviation d'autant plus grand que la marche est plus rapide et la courbure plus serrée.

On conçoit tout d'abord combien une telle force peut devenir importante avec la grande rapidité demandée aux rails-wails, lorsqu'on la voit croître comme le carré de la vitesse et en raison inverse du rayon.

Qu'on suppose, par exemple, une grande locomotive du poids de 18 tonnes lancée sur une courbe de 500 mètres de rayon avec une vitesse de 16 lieues à l'heure, limite du mouvement descendant, il y aura pour force centrifuge 1,159 kilogrammes ; c'est-à-dire qu'elle marchera comme si elle était constamment tirée latéralement par ce poids considérable.

On pressent, instinctivement pour ainsi dire, tout ce que doit avoir de puissance cette traction latérale et constante pour rapprocher la machine du rail extérieur, y établir un contact accompagné de frottements et accroître les chances de déviation.

Adhérence. — Son action contre la force centrifuge.

On est pourtant quelque peu rassuré quand on réfléchit que, de son côté, le glissement latéral est impossible, car la force qu'il faudrait pour l'effectuer étant égale à peu près au dixième du poids, elle serait ici de 1,800 kilogrammes, supérieure encore, comme l'on voit, à la force centrifuge (1).

Exhaussement du rail extérieur.

Ce motif de sécurité est d'ailleurs accru si l'on a le soin, facile à prendre, de tenir

(1) Pour égaliser ces deux forces il faudrait arriver au rayon de 322 mètres. Au-dessous la force centrifuge tiendrait les deux roues extérieures constamment appuyées sur le rail de l'extrados.

le rail extérieur plus exhaussé, et de transformer ainsi la superficie d'appui en un plan incliné, relevé vers l'extrados.

Conicité des jantes.

Enfin, en donnant aux jantes des roues une forme conique, on obtient un double et précieux avantage : c'est d'abord de permettre aux deux roues accouplées de prendre dans les courbes des rayons inégaux, en harmonie avec la différence de longueur qu'elles ont à parcourir, et de transformer ainsi en simple roulement le glissement dur auquel l'une ou l'autre serait condamnée pour égaliser le parcours, si les rayons demeuraient égaux ; c'est aussi de créer par ce roulement conique et cette marche plus lente de la roue intérieure une force centripète ramenant sans cesse, sans frottement dur, la direction de l'essieu vers le centre de la courbe, et s'opposant de la sorte au contact du mantonnet (rebord) de la roue extérieure avec le rail de l'extrados.

Rapprochement entre les faits et les bases de la théorie.

Toutes ces combinaisons devraient, d'après la théorie, suffire amplement, même en descendant à des rayons de 180 mètres. Jusqu'à cette courbure, pour empêcher absolument le mantonnet de la roue extérieure de toucher le rail de l'extrados, il suffirait d'une conicité d'un septième et de réserver entre rails et roues un centimètre et demi de jeu de chaque côté.

Et pourtant ces combinaisons appliquées laissent subsister une détérioration du rail extérieur qui commence à se montrer sur une courbure de mille mètres et va toujours croissant avec la diminution du rayon ;

Et pourtant un effort notable est nécessaire pour maintenir au passage des courbes la vitesse du mouvement, et selon la pratique, cet effort supplémentaire, qui n'est pas moindre de 3 millièmes du poids avec la vitesse ordinaire et un rayon de 500 mètres, irait croissant en raison inverse du rayon ;

Et pourtant ce mantonnet, qui ne devait jamais parvenir jusqu'au rail extérieur, trouve le moyen de le surmonter et de laisser ainsi le convoi se jeter hors la voie plus fréquemment que sur les lignes droites.

C'est que sans doute les bases sur lesquelles la théorie se fonde sont loin de représenter l'état réel des choses.

Et en effet, que suppose-t-elle pour établir ses calculs ?

Oscillations latérales

Elle suppose, lorsqu'elle parle du mouvement conique créant une force centripète qui détruit la force centrifuge, supprime les glissements durs, les déraillements et maintient le mantonnet éloigné du rail extérieur, elle suppose que cette conicité mathématique s'établira réellement et se maintiendra avec constance par le seul effet du mouvement circulaire ; elle suppose l'adhérence sur rails de l'une et l'autre des deux roues, de l'intérieure surtout, car c'est elle qui empêche le corps entier d'obéir à la direction du mouvement précédemment acquis, c'est elle qui appelle à chaque instant l'essieu dans la direction centrale ; elle suppose en un mot que chaque roue est incessamment comprimée sous le poids qui lui est destiné.

Eh bien ! il suffit d'observer quelque peu ce qui se passe sur les chemins de fer pour voir que tout cet état supposé, s'il y existe quelquefois, est loin de s'y maintenir.

Lacets.

Ainsi les rayons des roues accouplées, au lieu de conserver entre eux la relation permanente qui forme la conicité du mouvement, obéissent à une oscillation perpétuelle d'un rail à l'autre, connue sous le nom de *lacets*, qui existe sur les courbes aussi bien que sur les parties droites, et substitue à la conicité fixe dirigée vers le centre de la courbe une conicité alternative tendant une fois à éloigner de ce centre, une autre fois à en rapprocher. Et qui ne voit que la première oscillation, qui devrait être plus courte pour former rotation, ayant pour auxiliaire la force centrifuge, tandis que l'autre en est toujours contrariée, serait constamment plus longue et aurait bientôt quitté la voie si le rail extérieur n'était là pour l'arrêter ?

Qui ne voit que cet état oscillant doit avoir pour effet inévitable de tenir une partie du temps le mantonnet extérieur d'avant contre le rail extérieur ?

Faut-il alors s'étonner que l'expérience et la théorie donnent des réponses différentes pour des situations si dissemblables ?

Et qu'on ne dise pas ici que c'est un état moyen qu'on choisit pour base afin d'arriver à des conclusions moyennes aussi. Tout au moins il faudrait que cet état moyen fût de même nature que les états extrêmes qu'il s'agit de représenter ; il faudrait ne pas demander à un état permanent et réglé de roulement conique les résultats qu'il faut attendre d'un roulement si violemment varié et inévitablement mêlé de repoussements et de glissements durs.

Oscillations verticales.

Qui ne sait d'un autre côté qu'il y a également des oscillations verticales produites par le jeu des ressorts et la réaction élastique du sol ; qu'à chaque affaissement de rail, par exemple, le poids, immédiatement après la descente et par l'effet de la vitesse verticale qu'elle lui a communiquée, comprime le ressort, qui, réagissant bientôt après contre lui, le lance en haut et allége ainsi pendant quelques moments le fardeau de la roue, laquelle venait d'être comprimée plus fortement l'instant précédent ; qu'il en arrive autant à chaque exhaussement, à chaque obstacle prévu ou imprévu, à la jonction des rails, notamment lorsque celle-ci n'est pas faite et entretenue avec soin ; qu'un effet semblable peut être produit par un essieu mal centré, par des roues imparfaitement arrondies ou inégalement usées ; que si un exhaussement à droite correspond à un affaissement à gauche, les effets de soulèvement pourront être doublés par le balancement de l'un à l'autre côté imprimé au fardeau tout entier ?

Déraillement.

Qui ne voit alors, que non-seulement les roues ainsi allégées et privées accidentellement de leur adhérence sur la voie pourront n'obéir qu'au mouvement acquis, lequel portera les mantonnets contre les rails, mais encore que pendant la durée de cette espèce de saut, le mantonnet extérieur, s'il se trouve alors glissant contre le rail, aura plus de facilité à rouler dans la direction de la vitesse acquise, c'est-à-dire en surmontant le rail, dégagé qu'il se trouvera de son fardeau dans ce moment particulier ; que si cet allégement accidentel a eu assez de durée (1) pour donner au mantonnet le temps de prendre sur le rebord du rail une position telle que son mouvement en avant ne puisse plus être arrêté par le poids, lorsque celui-ci à la retombée pourra reprendre son action, alors il y aura déraillement?

Influence du rayon de courbure.

Qui ne voit enfin que ce point du bord des rails auquel le mantonnet devra atteindre pour ne pouvoir plus retomber dans la voie se rencontrera pour lui d'autant plus vite que la rapidité du mouvement sera plus grande et la courbure des rails plus rapprochée, c'est-à-dire d'un rayon plus court? Et pour donner une idée approximative de cet effet, il suffira de dire que, la vitesse du mouvement demeurant la même, si la courbure vient à s'ouvrir, le rapport du temps nécessaire au mantonnet pour arriver, dans les deux cas, au même point du bord du rail sera égal à peu près à la racine carrée du rapport des rayons. Ainsi un soulèvement du fardeau qui aurait duré assez longtemps pour produire le déraillement sur une courbe de 500 mètres devra durer le même temps multiplié par la racine carrée de 2, c'est-à-dire près de la moitié de plus, pour avoir la puissance de produire le même effet sur une courbe de 1,000 mètres. Et si l'on réfléchit combien une telle différence dans le temps laissé à la durée du soulèvement, avant qu'il puisse devenir funeste, doit enlever de cas aux chances d'accidents, il devient évident que sous *le rapport de la sécurité publique*, lorsque la vitesse devra être grande comme il la faut sur les grands chemins de fer, l'évasement des courbures sera toujours d'un intérêt énorme, alors surtout qu'il aura pour effet d'exclure des possibilités de déviation cette foule de soulèvements reproduits sans cesse par la force ordinaire des choses, et de réduire ainsi les accidents aux cas d'obstacles majeurs et tout à fait exceptionnels.

Enseignements pratiques.

On comprend combien il serait intéressant d'être bien fixé sur le rayon de courbure qui échappe tout à fait aux dangers ordinaires de déviation. Mais sur ce point, on doit l'espérer, l'expérience ne sera que lentement acquise; et en attendant il faudra s'aider de tous les faits capables de faire pressentir ses enseignements certains. Il en est un digne de remarque; c'est que les détériorations des rails extérieurs dans les courbes commencent à devenir sensibles au-dessous de mille mètres de rayon. Au-dessus il ne semble pas que la pratique en prenne souci sous le rapport des frais d'entretien. Assurément ce n'est point encore là un indice suffisant; il est impossible cependant de méconnaître qu'il n'y ait quelque relation entre les deux ordres de phénomènes, et jusqu'à plus amples renseignements, la prudence et l'économie semblent se montrer d'accord pour conseiller de ne pas descendre au-dessous de

(1) La durée de ces soulèvements successifs est ordinairement si petite qu'il semble impossible en si peu de temps d'obtenir un effet quelconque; mais il ne faut pas perdre de vue que de son côté la vitesse du mouvement est si grande qu'il peut y avoir plus de 15 mètres de parcours par seconde, et que l'effet de déraillement n'exigeant que quelques centimètres, un centième de seconde est presque toujours plus que suffisant.

cette courbure sans une véritable nécessité. Aussi la pratique actuelle des choses a-t-elle rangé ce conseil parmi ses préceptes.

Quoi qu'il advienne de ce pressentiment, il demeure en tout cas bien certain que la sécurité publique a un intérêt très-grand à voir préférer dans les tracés de chemins de fer les courbes ouvertes aux courbes serrées ; et cet intérêt existera en dépit de toute combinaison de conicité dans le mouvement aussi longtemps que les roues ne seront pas retenues en bas autrement que par un poids *en mouvement* lui-même, qui, étant exposé à se soulever d'un instant à l'autre, peut avoir cessé, au moment fatal, d'être une sauvegarde contre la déviation.

D'autre part, ces soulèvements successifs doivent exercer une action sur l'étendue de la force consommée par la rotation, car ils sont destructifs, ainsi que je l'ai déjà expliqué, de ce mouvement réglé de conicité sur lequel on compte pour empêcher dans le parcours des courbes le contact des mantonnets avec les rails, et les glissements durs qui en sont la conséquence. Ils contribuent pour leur part à cette foule d'effets et de mouvements divers qui compliquent si fort la marche d'un wagon sur une courbe lorsqu'on veut la soumettre aux calculs algébriques. La pratique les résume, je l'ai déjà dit, en apprenant que dans l'état actuel de construction des voies et des véhicules pour entretenir le mouvement d'un wagon passant d'un alignement droit à une courbe, il faut, aussi longtemps que celle-ci dure, ajouter à la force un surcroît égal environ à 3 millièmes du poids total pour une courbure de 500 m., et variant en raison inverse du rayon de la courbe, de manière à n'être plus que d'un millième et demi pour une courbure de 1,000 m.

Quant à la variation de force en raison du changement de rapidité, la pratique ne semble pas s'en préoccuper.

Si la vitesse est réellement sans influence appréciable sur la quantité d'action consommée par les courbures, il faudra bien en conclure que la force centrifuge, complétement détruite par l'adhérence des roues sur les rails, n'entre pour rien dans les frottements divers, et ceux-ci, n'étant plus produits par cette poussée latérale, ont simplement à fournir les mouvements de rotation du wagon, lesquels ont bien à compter avec le poids total, mais non avec la vitesse, ainsi qu'il est admis sur les lignes droites.

Tout cela est sans doute très-possible, il faut pourtant reconnaître qu'il y avait quelques raisons pour qu'il en dût être autrement.

Ainsi l'adhérence peut cesser momentanément par les oscillations verticales des ressorts ; n'arrivera-t-il jamais dans ces instants que la force centrifuge vienne s'ajouter aux pressions créant déjà des frottements latéraux ?

A cette cause, assez rare il est vrai pour n'exercer que peu d'influence, ne viendra-t-il pas s'en ajouter une autre, le cahotement vertical ou horizontal qui n'est autre chose que le résultat d'une innombrable quantité de petits chocs soit à la jonction des rails, soit dans les lacets, soit ailleurs, et dont l'influence croît comme le carré de la vitesse? Ce cahotement existe à la vérité, et avec une intensité à peu près égale, sur les lignes droites ; et encore bien qu'il ne semble pas qu'on ait pris soin de le compter pour quelque chose, il est vraisemblable que son action se trouve englobée dans celle qu'on a coutume d'attribuer à la résistance de l'air, proportionnelle aussi au carré de la vitesse, et qui en définitive a été établie sur des expériences d'où le cabotement n'était pas exclu.

Ainsi, tout bien examiné, si la vitesse exerce une influence sur la force nécessaire à la traversée des courbes, elle est ou très-faible ou déjà comptée; et c'est pour ce motif sans doute que la pratique n'en parle pas.

Quoi qu'il en soit, il est clair qu'on peut admettre avec sécurité cette croissance de la force inversement proportionnelle au rayon de courbure, et ranger au nombre des résultats acquis les conséquences qui en découlent.

Force totale consommée par la courbe. — La même avec toute courbure.

Il en est une digne d'attention, c'est que la force nécessaire pour passer d'un alignement droit à un autre est la même, quelle que soit la courbure adoptée; par cette raison bien simple que la longueur totale de chacun des arcs de cercle qu'on peut inscrire dans l'angle se trouvant directement proportionnelle au rayon employé, il en résulte que par la décroissance de celui-ci, si la force employée à chaque instant est augmentée, la durée du temps pendant lequel elle est nécessaire décroît dans le même rapport, et vient ramener au même chiffre, pour toutes les courbures, le total de la force dépensée.

Erreur commise à cette occasion.

Cette remarque a fait commettre quelquefois une singulière erreur. Il est des personnes qui en ont tiré cette conclusion, qu'il était à peu près indifférent d'adopter des rayons grands ou petits, et fort inutile dès lors de tant dépenser pour ouvrir les courbures. En définitive, disent-elles, les frais de traction ne seront augmentés pour les petits rayons que du parcours en ligne droite qui séparera les points de tangence des deux arcs d'inégale courbure; et c'est bien peu de chose, ajoutent-elles encore, qu'une si faible augmentation de temps et de dépense pour toute une ligne.

Oui sans doute, si l'on compare la dépense d'un seul changement de direction à tous les frais d'un long voyage, on trouvera l'augmentation faible; mais si pour terme de comparaison on substitue à la ligne entière l'espace seulement où la déviation doit régner, et c'est évidemment ce que l'on doit faire, on trouve que ce surcroît de parcours en ligne droite est toujours plus long que la petite courbe entière, lorsque par exemple le plus grand rayon de courbure est double de l'autre.

Il y a plus encore; on a semblé oublier, en s'attachant à cette conclusion, que ce n'est pas lorsqu'il n'y a qu'un changement de direction dans toute une ligne que la question des courbures prend de l'importance. Alors, sans rien changer à la force normale, on peut toujours franchir la courbe aux dépens de la vitesse acquise, c'est-à-dire par un léger retard, qui sur un long trajet est presque insensible. Les embarras existent seulement dès que le tracé, obligé de se plier aux sinuosités d'un relief tourmenté, présente, pendant une longueur notable, une série de courbures en sens divers se succédant l'une à l'autre presque sans interruption. Et dans ce cas, veut-on savoir, par un exemple, pour quelle part contribue la courbure dans l'effort de traction? Qu'on suppose la ligne tracée avec 500 mètres, rayon bien grand assurément pour les défenseurs de ces idées, et l'on verra que sur un tel chemin le frottement sur rails se trouvera presque doublé. Est-ce donc là un résultat si indifférent qu'il ne faille pas s'en préoccuper?

Non, non, la question des courbes ne perd pas de son importance par cette proportionnalité signalée entre la croissance de la force de traction et le raccourcissement du rayon ; bien au contraire, c'est la reconnaissance de ce principe qui, sous le rapport des frais d'exploitation, donne aux courbes ouvertes leur grande supériorité ; et il n'est pas surprenant qu'on cherche encore tous les jours, malgré de si rassurantes annonces, à faire brèche à la réalité de ce fait, jusqu'à présent trop incontestable.

D'après ce qui précède il semble qu'il y ait toujours avantage à prendre pour les courbes le plus grand rayon possible, fût-il même au-dessus de 1,000 mètres : pourtant la pratique des choses ne pousse pas aussi loin les conséquences de ce principe, car le rayon de 1,200 mètres est rarement dépassé ; et d'ordinaire on aime mieux substituer à une courbure plus ouverte une succession de lignes droites et courbes de 1,000 à 1,200 mètres de rayon.

Le motif en est simple.

D'abord, quand une fois le déraillement est opéré, s'il a lieu sur une courbe, quel qu'en soit le rayon, les conséquences sont à peu près aussi funestes : c'est la projection du train non-seulement hors la voie, mais hors la chaussée, et par suite un choc brusque ou un renversement selon qu'il y a sur ce point déblai ou remblai. Sur une ligne droite au contraire le mouvement acquis, très-puissant par sa vitesse, conservant au convoi la même direction après le déraillement, le maintient précisément sur la chaussée, et l'accident se réduit à un simple temps d'arrêt lentement arrivé, c'est-à-dire sans nulle secousse.

D'un autre côté, un alignement courbe, aussi longtemps qu'il dure, exige sur chaque point, quel que soit son rayon, à peu près les mêmes frais de surveillance et de soins réparateurs, et ils sont nécessairement plus grands que sur un alignement droit, ne fût-ce que pour conjurer le danger que je viens de signaler.

Il y a donc, sous le double rapport de la sécurité publique et de l'économie, il y a intérêt véritable à revenir à l'alignement droit le plus promptement possible, c'est-à-dire en n'employant que des rayons de courbure tout juste assez grands pour échapper à peu près au danger de dérailler ainsi qu'aux détériorations ; et il semble que ce résultat soit réalisé par des courbures maintenues dans les environs de 1,000 à 1,200 mètres de rayon.

Raccord entre les alignements droits et courbes.

Enfin, une dernière observation complétera ce qu'il me semble utile de rappeler sur la question spéciale des courbes.

Nous venons de voir le tracé des chemins de fer composé souvent d'une succession d'alignements droits ou courbes ; mais si l'on passait immédiatement de l'un à l'autre, il y aurait évidemment quelque chose de brusque dans la transition, car chaque voiture, d'une direction pendant laquelle elle tendrait avec force à se porter vers un côté de la voie, arriverait instantanément à une autre où cette tendance serait absente ou même contraire. Quand un convoi est soumis à la fois par ses parties diverses à ces tiraillements opposés, on dit qu'il se tord ; et en effet le mot peint assez bien la chose. Pour remédier à cet effet funeste aux rails ainsi qu'aux voitures, et fort incommode aux voyageurs, il serait à désirer qu'on formât, plus souvent qu'on ne le fait, chaque transition d'une courbe de 1,000 mètres à la ligne droite par cinq ou six courbures successivement plus ouvertes, qui feraient passer, d'une manière insensible, quoique en peu de temps, les voitures d'un état à l'autre.

Résumé des règles sur les courbures généralisées.

En résumé, les règles du tracé des chemins de fer sous le rapport spécial des courbes semblent devoir se réduire, dans l'état actuel des choses, à ce simple précepte : *Des alignements, droits autant que possible, rattachés par des courbes de 1,000 à 1,200 mètres de rayon, en faisant toutefois les raccords au moyen de courbures s'ouvrant de plus en plus en marchant vers l'alignement droit, et se resserrant au contraire insensiblement en se pliant vers la courbe.*

Courbes exceptionnelles.

Inutile de dire que dans tout ce qui précède il ne s'est agi que de la courbure généralisée, et qu'il peut se présenter des cas particuliers où des obstacles majeurs obligent à recourir à des courbes plus serrées. Il faut alors, pour que la viabilité générale de la ligne n'en soit pas notablement affectée, que ce soient bien de véritables exceptions, et qu'elles ne forment jamais une longue série non interrompue. Isolées, elles peuvent presque toujours être franchies aux dépens de la vitesse acquise, à défaut d'autre ressource ; et après, la situation, redevenant meilleure, permet de rentrer bientôt dans le mouvement normal. Tandis que si l'état exceptionnel se prolongeait, la vitesse acquise se trouvant bientôt épuisée, le convoi s'arrêterait inévitablement.

Pentes et courbes réunies.

Après avoir examiné alignements et pentes, isolément pour ainsi dire, essayons de les rapprocher en nous résumant, et de voir quelles règles définitives leur influence simultanée imposera aux tracés des chemins de fer.

Sécurité publique.

Et d'abord, que demande la sécurité publique ?

Elle exige impérieusement que l'on ne passe jamais vite sur des courbures serrées. N'est-ce pas dire que plus la pente normale sera forte, plus la courbure normale devra être ouverte ? Ainsi, toutes les fois que le relief d'un pays condamnera un chemin de fer à recourir aux plus grandes latitudes de pentes, lesquelles donneront, pendant la descente, le maximum de rapidité, il devra plus que tout autre s'imposer l'obligation de prendre pour rayon ordinaire de ses courbures 1,000 mètres tout au moins, et isoler soigneusement toutes les courbes plus serrées que la nécessité lui imposera.

Si le relief du pays ou les ressources financières disponibles lui rendent impossible l'accomplissement de cette condition, ce chemin de fer pourra être sans doute encore fort possible, mais il aura pour toujours une viabilité dangereuse et une exploitation chère.

Frais d'exploitation. — Parallèle entre diverses combinaisons de pentes et de courbures.

Et sous le rapport des frais d'exploitation, sera-t-il du moins plus heureux ? On va le voir par un simple rapprochement.

Qu'on prenne par exemple d'un côté des inclinaisons s'élevant jusqu'à 9 millimètres avec des courbes de 500 mètres de rayon ;

Que l'on prenne d'autre part des pentes de 6 millimètres et des rayons de 1,000 mètres.

Que l'on compare, et voici ce qu'on trouvera :

Sous le rapport de la sécurité, si l'on veut que le passage sur les courbes de 500 mètres ne présente pas plus de chances de déraillement que sur celles de 1,000 mètres, le rapport des vitesses, si les considérations déjà exposées sont vraies, devra être égal à la racine carrée du rapport des rayons, c'est-à-dire que si l'on descend avec 15 lieues à l'heure sur les courbes de 1,000 mètres, il ne faudra pas atteindre à 11 sur celles de 500 mètres. Puis, si l'on veut que la montée et la descente fassent, dans les deux cas, une rapidité moyenne égale, par exemple 10 lieues par heure, la vitesse d'ascension devra être, sur les courbes de 500 mètres, de 9 lieues et demie, et sur celles de 1,000 mètres, de 7 lieues et demie seulement.

Or, si l'on prend deux locomotives vaporisant l'une et l'autre, ainsi qu'il arrive usuellement, 1 mètre 84 millim. cubes d'eau par heure, et disposées pour gravir, le mieux possible, chacune un de ces tracés; la première ne pourra traîner après elle que 16 tonnes de poids utile, tandis que l'autre en traînera 29,35, presque le double. Ces deux chiffres sont trop éloquents pour qu'il soit nécessaire d'insister afin d'établir l'énorme désavantage d'un tracé à 9 millim. avec courbes de 500 mètres.

Si la pente s'abaissait à 8 millim., la locomotive traînerait un peu plus, 18 tonnes, mais ce ne serait encore que les trois cinquièmes; avec 7 millim., elle traînerait 20 tonnes. Enfin, si l'on arrivait à 6 millim., toujours en gardant les courbes de 500 m., le poids utile traîné serait 23 tonnes seulement, en sorte que l'effet seul de la courbure suffirait pour diminuer le résultat utile presque d'un quart.

Économie de combustible dans les descentes avec frein. — Son insignifiance.

Et qu'on ne croie pas trouver une compensation dans cette circonstance que pendant la descente sur la pente à 8 millim. la locomotive ne dépensera pas de vapeur. Il ne faut pas oublier qu'elle doit être tenue prête à agir quelques instants après ; et cette obligation suffit pour laisser la consommation du combustible presque aussi forte que si la vapeur était utilisée. Que serait d'ailleurs cette insignifiante économie comparée à tous les frais de conduite et autres qui ne varieraient pas, et à cette énorme diminution dans le poids transporté ?

Résultats des exploitations actuelles. — Pourquoi elles ne peuvent pas fournir un argument dans la question.

Qu'on ne cherche pas davantage dans les premiers résultats fournis par les exploitations déjà ouvertes un argument en faveur des pentes et des courbures normales, dépassant les limites que je viens d'indiquer. Qui ne voit en effet qu'ils ne peuvent ressembler en rien à ceux qui se produiront plus tard ? Qui ne voit que pour la plupart la chose principale, en ce moment, est d'appeler à eux le mouvement des affaires ; de créer des habitudes commerciales nouvelles ; de faire oublier les anciennes ; de lutter, en un mot, avec le passé ? Tout est sacrifié à ce besoin. Pour un wagon de plus, on n'hésitera pas à faire marcher une locomotive. Qu'y a-t-il alors d'étonnant à ne trouver pour ce premier moment, dans les frais d'exploitation, qu'une différence insensible entre les bons et les mauvais tracés? C'est le besoin de la lutte qui domine tout, et tel chemin fort mal établi peut à cet égard être placé dans une situation beaucoup plus avantageuse que tel autre favorisé du meilleur tracé.

Mais ce n'est là qu'une transition. Plus on avancera dans l'avenir, plus les habitudes nouvelles se régleront. Les affaires traîneront sans doute toujours après elles quelque incertitude; mais la lutte contre le passé sera close; et alors sans aucun inconvénient on pourra contraindre les affaires à se ranger dans des cadres qu'on leur donnera; alors une limite supérieure pourra être fixée à chaque convoi; alors le caprice et l'exception, qui règlent tout aujourd'hui, céderont la place à une certaine normalité; alors, en un mot, et seulement alors, se feront sentir les avantages des bons tracés; et une fois que leur règne aura commencé, ce sera pour ne plus finir. Combien donc il y aurait d'imprudence à ne fonder les chemins de fer que sur ce présent qui doit finir demain!

Pourquoi l'amélioration des voies de fer ne peut pas s'opérer successivement comme pour les voies de terre.

L'on répond, il est vrai, qu'on pourrait renouveler pour les chemins de fer ce qui s'est fait pour les routes ordinaires. Celles-ci, de mauvaises qu'elles étaient, deviennent bonnes; les pentes trop fortes, on les adoucit; les courbes trop serrées, on les ouvre, mais successivement, à mesure que les besoins s'en font plus vivement sentir.

Au premier coup d'œil, et vu seulement à la surface, ce conseil est séduisant, et l'on se sent très-disposé à lui faire bon accueil; mais dès qu'on pénètre au fond des choses, on s'aperçoit qu'il n'y a nulle similitude entre les deux situations.

Une première remarque frappe d'abord : c'est que les modifications opérées dans les voies de terre n'ont presque jamais porté que sur de petites longueurs, parce que la limite nouvelle des pentes reste encore assez forte pour qu'une faible distance suffise au raccordement avec les parties conservées; tandis que sur les chemins de fer, les inclinaisons demeurent si faibles, absolument parlant, alors même qu'elles sont théoriquement énormes, que l'influence d'une modification quelconque s'étendrait nécessairement à une distance considérable, et ce serait très-souvent une ligne entière qu'il faudrait changer pour n'obtenir qu'une amélioration très-partielle.

Puis entrant plus avant dans la question, on ne tarde pas à voir que si les routes de terre eurent autrefois des pentes de 10 cent., ce fut alors précisément que leur construction et leur entretien étaient si imparfaits que l'angle du frottement, cette inclinaison où les voitures commencent à pouvoir descendre d'elles-mêmes, cet angle, dis-je, était précisément celui qui donnait pour pente à peu près aussi un dixième. Ici la résistance de l'air n'était comptée pour rien, parce qu'elle était véritablement insensible avec les faibles vitesses qu'il était possible de se donner.

Plus tard, les routes devenant plus faciles, la pente du frottement descendit à 5 centièmes, et les voitures, chargées en conséquence dans les plaines, lorsqu'elles se présentèrent à une montée, ne purent plus gravir sans renfort, quand l'inclinaison dépassa 5 cent. Alors on sentit la nécessité de réduire toutes les pentes à ce chiffre.

Plus tard, on les adoucit encore, et l'on ne dépasse plus aujourd'hui 3 cent. sur les routes importantes; mais toujours c'est l'angle du frottement réduit par un meilleur entretien des chausées qui entraîna chaque nouvelle modification.

Et pour imiter cette marche, à propos de chemins de fer, que faudrait-il faire?

Il faudrait régler les inclinaisons de manière à se mettre en harmonie avec l'état actuel de la résistance au mouvement sur les rails; et si cette résistance venait à décroître successivement, faire décroître de même les pentes de ces voies en les modifiant.

Et que propose-t-on de faire?

On propose, au lieu de partir de l'état actuel pour marcher comme les voies de terre avec le progrès, on propose de revenir en arrière, de remonter à l'époque d'une viabilité deux ou trois fois plus mauvaise, et de se mettre *aujourd'hui* en harmonie avec ce *passé*, pour redescendre ensuite, mais toujours sans doute en demeurant en arrière de son temps.

On ne ferait pas autre chose si, à propos des routes de terre, on allait, maintenant que l'état de perfection où leur viabilité est parvenue exige des pentes de 3 centimètres seulement, on allait par esprit d'économie les construire avec les inclinaisons de 10 centimètres par exemple, parce qu'elles ont pu en avoir de telles il y a un siècle.

Et l'on appellerait cela imiter ce qui s'est passé pour elles! Malheur au peuple qui se laisserait séduire par ce rapprochement paradoxal! Il se condamnerait à une impuissance industrielle et commerciale, dont rien dans la suite ne pourrait le relever.

Non, non, il faut le reconnaître, lorsque l'emploi des pentes fortes et des courbes serrées n'est pas obligatoirement imposé par le relief du pays traversé, il n'y a qu'une considération, une seule, qui puisse militer en leur faveur, c'est l'*impuissance* du Trésor public; c'est la diminution de la dépense de construction.

Pourquoi l'économie dans la construction n'est pas toujours obtenue par des pentes variées.

Cet avantage est réel; toutefois il me semble qu'on s'en exagère l'importance. Pour peu qu'on se soit trouvé aux prises avec la réalité des choses, on a pu reconnaître que lorsqu'un pays est très-accidenté, il arrive souvent que le fond des bassins, surtout aux approches des grandes rivières, devient abrupt, serré et très-sinueux; tandis qu'à une certaine hauteur les inclinaisons des revers s'adoucissent et se prêtent plus facilement quelquefois à l'assiette de la voie.

Si l'on établit le tracé dans le fond même du vallon, et je suppose que c'est dans cet objet qu'on dépasserait les bonnes limites imposées aux tracés, il faut s'attendre ou à une continuité de courbures, dont le rayon descendant bien au-dessous de 500 mètres rende les grandes vitesses absolument impossibles; ou à une succession continuelle de tunnels et de tranchées profondes qui ne le cède en rien, pour les dépenses, au tracé établi sur les revers, avec une pente continue répartie sur la longueur entière; et il peut arriver des cas où le tracé, soumis à toutes les variations de pentes des vallons secondaires pour en suivre le fond, conduise en définitive à plus de dépenses que cet autre établi sur les revers, et qui aurait l'inappréciable avantage d'une pente continue et très-adoucie. Toutefois dans les circonstances difficiles et coûteuses, il sera toujours prudent de se fixer avec certitude sur ce point de la question en essayant réellement des deux combinaisons.

Il n'en reste pas moins démontré, ce me semble, que dans le tracé des grandes lignes on ne pourra pas, sans de graves inconvénients, adopter plus de 6 millimètres et moins de 1,000 mètres, pour pentes et courbures *généralisées*.

Influence des améliorations annoncées sur les règles des tracés.

Dans tout ce que je viens d'exposer j'ai pris la question, ne l'oublions pas, dans son état présent, dans la situation où la placent les choses d'aujourd'hui, voitures ou chemins. Mais une foule de modifications sont proclamées de toutes parts; et lorsqu'il s'agit de fonder pour un long avenir, il est, je crois, à propos de jeter un coup d'œil en avant et de chercher à voir si les espérances qu'elles laissent concevoir pourraient apporter des changements notables aux règles des tracés découlant de l'état actuel.

Locomotives à détente.

Et d'abord, voyons quelles conséquences peut entraîner l'application aux locomotives du principe de la détente.

Jusqu'à ce jour on avait fait agir la vapeur dans les locomotives avec tout son essor de création, en laissant les cylindres moteurs en communication avec la chaudière pendant chaque oscillation entière.

De la sorte elle a, pour s'écouler ensuite dans l'atmosphère, toute la force possible; et on l'utilise en procurant ainsi au foyer un tirage très-puissant, qui permet d'obtenir du même appareil vaporisateur et dans le même temps, une quantité de vapeur plus considérable.

Cet avantage, recherché jusqu'à ce jour avant tout autre, joint d'ailleurs à une simplicité plus grande dans les organes de la machine, avait fait négliger tout à fait la détente de la vapeur; c'est-à-dire cette force qu'elle peut encore développer en passant de la tension où elle se forme à celle de l'air extérieur, et qui se perdait en soufflement par le tuyau de la cheminée. Mais peu à peu les yeux se sont ouverts en présence des économies considérables que réalisait ce système dans quelques machines fixes, et l'on a commencé à croire qu'on avait poussé trop loin la prédilection pour le soufflement dans la cheminée.

Détente fixe.

Alors on a essayé de la détente sur les locomotives. On n'a laissé le cylindre moteur en communication avec la chaudière que durant une partie de chaque oscillation; et pendant le reste du temps la vapeur a pu s'y détendre librement.

On a pourtant marché fort timidement dans cette voie, de peur de trop compliquer les organes de la machine, et d'abord on s'est contenté d'une détente fixe qui, sans ajouter aucun organe nouveau, a pu réaliser une économie notable de combustible tout en créant une force motrice plus puissante. M. Clapeyron, qui a réalisé l'un des premiers cette heureuse modification, annonce qu'on parvient ainsi à sous-doubler la puissance.

Détente variable.

Mais on ne s'arrête point là. Des efforts nombreux, qui semblent promettre un succès complet, sont faits chaque jour pour arriver à la détente variable, c'est-à-dire à une détente qui, au lieu d'être obligatoire comme la détente fixe, puisse se régler au gré du machiniste, ou même disparaître tout à fait de manière à laisser revenir la locomotive aux vieilles conditions de mouvement et de vaporisation.

Et pour bien apprécier l'importance de ce pas nouveau, il faut se rappeler qu'un des inconvénients des machines précédentes, c'est la fixité de leur puissance et de leur mode d'action.

Rapprochement entre les deux systèmes.

Qu'une grande ligne ait, sur un seul point, une pente exceptionnelle assez prolongée pour n'être pas franchissable au moyen de la vitesse acquise ; et dépassant la pente normale, celle qui se rencontrant partout, doit présider à l'organisation des machines et des convois pour peu qu'on ait souci des frais d'exploitation.

Qu'une de ces machines, avec son chargement complet, celui qui rend nécessaire son *maximum* de quantité d'action, que cette machine arrive dans cet état au pied de l'inclinaison exceptionnelle, elle sera forcée de s'arrêter là, si une autre locomotive ne vient à son secours.

En vain se résignera-t-elle à monter très-lentement afin de laisser à la chaudière tout le temps nécessaire pour produire une vapeur suffisante ; ses autres organes ne se trouveront pas disposés de manière à employer la vapeur avec cette lenteur, car pour y parvenir il faudrait au cylindre une capacité de réserve pouvant emmagasiner plus de vapeur pour une même longueur de mouvement ; et c'est précisément là ce qui manque au système primitif. Pour passer outre il faudra donc inévitablement une machine de renfort.

Que le convoi soit conduit au contraire par une machine à détente variable ; elle a comme l'autre un chargement complet, c'est-à-dire celui qui emploie la plus grande quantité d'action dont elle soit capable *dans un temps déterminé*. Mais ce *maximum* est réalisé à l'aide de la détente, c'est-à-dire que ses cylindres ne sont remplis qu'en partie par la vapeur au sortir de la chaudière ; il reste donc là précisément cette capacité de réserve dont je parlais à l'instant, laquelle, en se remplissant, va se prêter à une marche plus lente, qui donnera à la chaudière le temps de produire la vapeur nécessaire à l'ascension.

Ce sera donc la lenteur de la marche qui fera gravir, plutôt que la quantité d'action développée par la machine ; car celle-ci, loin de s'accroître, deviendra moindre dans un même temps.

Une locomotive ordinaire, placée au pied d'une pente exceptionnelle, est le cheval rétif qui refuse obstinément de marcher aussitôt que l'effort qu'on lui demande dépasse une certaine limite.

La locomotive à détente variable est le cheval franc du collier qui donne tout ce qu'on lui demande au risque de s'épuiser en le donnant.

Quant à la locomotive à détente fixe, il est bien vrai qu'elle aussi a une capacité de réserve ; mais ses organes sont disposés de manière à ne jamais permettre à cette capacité de se remplir ; en sorte que sous ce rapport, elle n'a rien de plus que la locomotive ordinaire. La détente variable conserve donc sur elle l'avantage de dispenser de l'emploi du renfort dans une foule de circonstances où la quantité d'action nécessaire dépasse accidentellement ou exceptionnellement le *maximum* donné à la machine par sa construction ; et celle-ci doit être en harmonie non avec l'exception ou l'accident, mais avec le cas habituel, sous peine de traîner presque partout et toujours un appareil vaporisateur inutile, et des organes trop forts, trop lourds.

Cas imprévus.

Qu'un arrêt imprévu se produise entre deux stations, et qu'on s'y trouve dans une situation de charge et d'inclinaison, exigeant le *maximum* d'effet utile pour maintenir simplement la vitesse du mouvement ; alors la détente fixe ne pourra repartir. Elle sera obligée d'appeler et d'attendre la locomotive de réserve, uniquement pour lui servir de renfort au départ. La détente variable au contraire partira seule, en marchant à la vérité tout d'abord plus lentement que si elle était convoyée ; mais il restera toujours en sa faveur un grand avantage, puisqu'elle aura épargné à son convoi le temps qu'il eût fallu pour appeler et attendre la locomotive de renfort.

Qu'une affluence accidentelle prévue ou non se présente à une station intermédiaire; c'est un jour de fête, et cette foule ne parcourt qu'un faible trajet, mais elle compose une charge dépassant le *maximum* d'effet utile. Malgré cela si la machine est à détente variable elle partira emportant tout le monde au prix de quelque retard dans la marche et de quelques kilogrammes de charbon. Si elle est à détente fixe elle sera obligée de laisser peut-être la moitié des voyageurs, et ce ne serait point là un moyen de les attirer dans une autre occasion pareille.

En un mot, il se rencontre une foule de cas où *l'imprévu* vient s'imposer inopinément, et la détente variable avec son coup de collier suffit presque toujours pour tirer d'embarras ; avantage bien précieux surtout dans un commencement d'exploitation, où rien n'est encore bien connu pour fixer définitivement tous les organes des machines, où il est cependant si essentiel de tout satisfaire pour hâter le plus possible les habitudes nouvelles.

Cas prévus, mais exceptionnels.

Il est aussi des cas *prévus* où la détente variable rendra de véritables services.

Ainsi, aux abords des stations, au départ comme à l'arrivée, elle trouvera à donner aussi son coup de collier ; cette fois sans dépense de plus et en activant le mouvement au lieu de le ralentir dans toute cette période de lenteur voisine du repos, pendant laquelle elle ne fera qu'utiliser une vapeur, qui devrait se perdre par les soupapes de sûreté aussi longtemps qu'on demeurera au-dessous de la vitesse suffisante pour employer convenablement l'entière vapeur donnée par la chaudière.

Mais les espérances qu'a laissé concevoir la détente variable ne se sont pas bornées là. En calculant quelle était la puissance de son coup de collier comparé à l'effort normal de la machine, on l'a trouvée plus que double, et aussitôt de proclamer qu'avec ce secours nouveau on pourrait presque partout employer de fortes pentes, sans recourir aux machines de renfort.

Cette assertion est trop importante, elle tendrait à modifier trop profondément les règles des tracés pour ne pas mériter d'être examinée avec quelque soin.

Voyons donc avant tout ce qu'il en faut croire.

Et d'abord, ne perdons pas de vue que cet accroissement de puissance ne s'acquiert qu'aux dépens de la rapidité ; qu'il y a à la fois diminution de vitesse et mauvais emploi de la vapeur produite, deux inconvénients très-graves pour un chemin de fer. Qu'on ne s'arrête pas devant eux lorsqu'il s'agit de parer aux cas tout à fait imprévus, on le comprend aisément ; aucun autre moyen n'est là organisé pour y répondre à temps. Mais dans les cas prévus, quoique exceptionnels sur la ligne, dans un cas de renfort habituel par exemple, ne se peut-il qu'un autre moyen, ne portant pas atteinte à la rapidité, ce premier avantage des chemins de fer, ne soit en définitive préférable? Ne se peut-il que le système du renfort, qui va lui garder la vitesse entière, tout en conservant à la vapeur son meilleur emploi, ne se peut-il qu'en fin de compte il ne soit préférable au coup de collier du piston à détente? C'est là surtout ce qu'il faut savoir.

On comprend qu'en cette occasion un calcul précis aurait grande utilité; par malheur l'expérience sur ce point n'est pas encore venue éclairer complétement la théorie. Les locomotives à détente variable sont à peine construites, elles sont encore moins essayées; et les faits peu nombreux recueillis jusqu'à ce jour ont même jeté des incertitudes sur la manière dont la détente s'opère. Les résultats observés sur les machines à détente fixe tendent à établir que l'effet de cette détente, laissée encore fort incomplète, est d'ajouter au moins 40 ou 50 pour 100 à la quantité d'action qui serait produite sans elle, tandis qu'un gaz fixe ordinaire, placé dans la même situation et doué, ce semble, d'une élasticité plus inaltérable, ne donnerait guère plus de 20 pour 100 d'augmentation pour une expansion entière. Une telle différence donne à croire qu'il y a dans cette espèce de vide formé par la détente une action vaporisante, sur l'eau entraînée liquide, ou liquéfiée tout d'abord en entrant dans le cylindre, et qu'il en résulte un accroissement de vapeur agissante.

Quoi qu'il en soit de l'explication, et pour échapper aux fausses inductions qui pourraient résulter de ce fait peu éclairci, supposons qu'au lieu de vapeur la chaudière fournisse un courant d'air comprimé à quatre atmosphères et demie, qui puisse se détendre jusqu'à une atmosphère et demie; ce serait à peu près la situation des locomotives ordinaires fonctionnant avec toute détente. Cette hypothèse ne sera pas une représentation rigoureuse de ce qui peut se passer, mais nous trouverons là une assimilation qui nous suffira peut-être.

Alors, pour passer de la détente entière à la pleine élasticité, il faudrait dépenser le triple d'air comprimé, et par conséquent employer le triple du temps pour parcourir le même espace, c'est-à-dire faire triple dépense; puis, ce qui est bien plus fâcheux, imposer cet énorme retard aux voyageurs et aux marchandises, et cela pour produire un effet simplement double qui serait obtenu par l'addition d'une seule locomotive.

Force d'adhérence des roues.

Ajoutons enfin, qu'en recourant à la pleine vapeur on n'accroît en rien la force d'adhérence des roues sur les rails, et que celle-ci se trouverait bientôt dépassée si l'on ne se donnait en même temps le moyen de l'augmenter par l'accouplement fixe ou facultatif de plusieurs paires de roues; accouplement qui ne peut avoir lieu sans augmenter le frottement de la machine.

De toutes ces raisons, ne résulte-t-il pas que la détente de la vapeur ne semble guère appelée à détrôner les locomotives de renfort, toutes les fois du moins que la pente exceptionnelle aura une longueur notable; par exemple lorsqu'elle régnera entre deux stations principales? Alors la prise du renfort n'occasionnera pas un arrêt inutile, et la locomotive supplémentaire pourra se trouver occupée assez longuement pour qu'il y ait peu de perte de temps dans l'inaction.

Limite des pentes généralisées.

Quant à la limite des pentes généralisées que la sécurité, jointe à l'économie dans l'exploitation, semble fixer à 6 millimètres avec les locomotives actuelles, il est clair qu'au lieu de s'élever par l'introduction de la détente elle tendra au contraire à s'abaisser. Quelques mots suffiront pour le démontrer.

Nous avons vu que cette pente de 6 millimètres, est celle qui donne une vitesse descendante de 15 lieues par heure, avec une locomotive ordinaire sans détente et une charge, organisées pour le maximum d'effet utile à la montée; la vitesse d'ailleurs étant telle à la montée, qu'en la combinant avec le mouvement descendant, il en résulte une rapidité résumée de 10 lieues par heure.

Si maintenant on ajoute la détente à la puissance de la machine, il faudra, pour lui faire équilibre en conservant les mêmes vitesses, une nouvelle charge, qui devra être beaucoup plus faible à la montée qu'à la descente. Il serait facile de démontrer que leur rapport sera environ un dix-huitième, quelle que soit l'intensité de la détente; et, pour les égaliser, en conservant la même vitesse moyenne, il faudra accélérer la descente afin de pouvoir ralentir la montée. Alors donc, la pente de 6 millimètres se trouvera dépasser la limite de vitesse que nous imposent la sécurité et les ménagements dus aux rails et au matériel. C'est-à-dire que la limite supérieure des pentes généralisées tendra à s'abaisser au-dessous de 6 millimètres, plutôt qu'elle ne s'élèvera au-dessus.

Toutefois, comme la détente ne changera rien à la question des vitesses involontaires; comme d'ailleurs il est probable que les habitudes sociales, jointes aux améliorations successives qu'on peut attendre de l'avenir, tendront à élever la limite des vitesses affrontées, on peut croire que, ces deux effets se compensant mutuellement, ce sera toujours, longtemps au moins, dans les environs de 6 millimètres que demeurera la limite supérieure des pentes généralisées dans un grand chemin de fer convenablement tracé.

Conclusion.

Ainsi en résumé, l'introduction de la détente dans les machines locomotives, qui peut améliorer si fort l'exploitation des chemins de fer, ne semble pas cependant devoir apporter de changement notable aux règles des tracés, telles que nous les ont données les locomotives actuelles.

Ce qui était mauvais avec elles sera plus mauvais encore.

Ce qui était bon restera presque aussi bon.

J'aurais maintenant à parler de beaucoup d'autres innovations, si je pouvais m'occuper ici de toutes celles qui sont annoncées; mais je ne saurais suffire à une telle tâche. Il est cependant impossible de passer sous silence celles dont l'importance se révèle par l'essai même que le gouvernement s'est décidé à en faire :

Je veux parler du système à propulsion atmosphérique et des voitures articulées de M. Arnoux.

Système atmosphérique.

Le premier a été l'objet de si nombreuses controverses, que chacun a pu déjà former quelque peu son opinion. Mais il y aurait de la présomption à l'émettre en présence des essais qui se préparent. Je me bornerai donc à quelques réflexions générales qui me semblent ne pouvoir être, en aucun cas, contredites par les résultats de l'épreuve.

Le système atmosphérique consiste à substituer à l'action des machines locomotives une propulsion opérée à l'aide de machines fixes pneumatiques, successivement disposées sur la ligne à parcourir, pour faire et entretenir un certain vide, chacune dans un tube établi tout le long d'une partie du rail-way; ce vide permettant alors à la pression atmosphérique de pousser un piston que le premier wagon de chaque convoi porte avec lui, et qu'il vient successivement introduire dans le tube longitudinal propre à chaque machine.

Ses avantages. L'avantage principal de ce système consiste à dispenser chaque convoi de traîner avec lui une lourde machine qui prend pour elle une partie de la force motrice, et oblige, à cause de son poids particulier, à donner aux rails une force plus grande que s'ils avaient à supporter seulement les voitures utilement transportées.

On conçoit toute l'importance de cet allégement, lorsqu'on a de fortes rampes à gravir; mais l'avantage devient bien faible, sous le rapport des frais d'exploitation, quand le transport est horizontal, ou lorsque les pentes demeurent dans des limites telles qu'elles restituent à la descente la force qu'elles ont consommée de plus à la montée, et cette limite ne dépasse pas 6 millimètres avec le système actuel.

Un second avantage du système atmosphérique, c'est d'opérer la propulsion directement, sans prendre pour intermédiaire l'adhérence des roues sur les rails, laquelle étant dépendante du poids de la locomotive, impose une limite à la variabilité de l'effort à vaincre, et par suite aux inclinaisons qu'il est possible de gravir.

Cet avantage a bien aussi son importance; il ne faut pourtant pas se l'exagérer, car il ne commence à se faire sentir que sur une pente déjà assez forte pour qu'elle n'appartienne plus aux tracés les plus généraux. N'oublions pas, à ce sujet, que la locomotive pèse quelquefois un quart du convoi traîné, et tout au moins un septième; que presque la totalité de ce poids peut au besoin, par divers procédés, porter sur les roues motrices; que l'adhérence des roues est presque toujours supérieure à un dixième du poids qu'elle supporte, et qu'alors elle peut aller ici du soixante-dixième au quarantième du poids traîné, c'est-à-dire à près de trois ou quatre fois la force nécessaire pour le mouvement horizontal. C'est là une fort belle latitude, qui, dans tous les cas, dépasse beaucoup les nécessités inhérentes à une inclinaison de 6 millimètres, laquelle nous a semblé être la limite supérieure des bonnes pentes généralisées, seules destinées à être franchies par une seule locomotive. Au-dessus, les machines de renfort apportant avec elles leur adhérence propre suffisent amplement à la tâche qui leur est imposée. C'est donc seulement lorsque celles-ci sont elles-mêmes délaissées, c'est dans le domaine des machines fixes que se fait réellement sentir ce second avantage, et là même, le système atmosphérique ne devient une nécessité *impérieuse* que lorsque la longueur de la pente ou ses sinuosités ne permettent pas l'emploi des câbles.

Un troisième avantage, c'est l'empêchement apporté par le piston au déraillement du wagon de tête. C'est là seulement ce qui a fait dire que ce système pourrait, mieux que son devancier, s'accommoder des courbes serrées, car il subit d'ailleurs comme lui tous les frottements qu'elles peuvent créer. Il ne faut pourtant pas porter à cet égard trop loin sa sécurité. On comprend, en effet, que si le piston emprisonné dans son tube peut beaucoup contre le déraillement du premier wagon, il ne peut presque rien sur le dernier; que celui-ci, déraillant sur une courbe serrée et par une grande vitesse, entraînera bientôt le précédent, puis l'autre, et ainsi de suite pour une bonne partie du convoi ; que dans le mouvement de torsion qui pourra en résulter pour l'attache du piston, celle-ci risquera fort d'être brisée et de laisser le train libre de se projeter au dehors, à peu près comme si le tube fixe n'existait pas ; et qu'alors ce tube lui-même, rencontré dans le milieu de la voie après le déraillement, pourra devenir cause d'une aggravation de l'accident, en contribuant à la rupture et au renversement des voitures.

Il en résulte, ce me semble, que le système atmosphérique pourra échapper aux petits accidents, mais que les grands se trouveront peut-être aggravés ; et je ne sais trop si c'est là en définitive un avantage réel.

Quant aux autres causes de sécurité tirées, disait-on, de l'impossibilité pour deux convois de jamais se rencontrer, le mouvement ne pouvant être communiqué qu'à un seul sur tout le champ d'une machine, ce n'est là qu'une puérile remarque, si ce n'est pas une assertion imaginée pour voiler un désavantage ; car c'en est un véritable que de forcer ainsi les convois à se subordonner les uns aux autres, et de faire supporter d'un bout à l'autre de la ligne les moindres dérangements occasionnés au service sur un point quelconque. Est-il d'ailleurs un seul système qui ne puisse jouir de cette sécurité en se résignant au même désagrément?

De tous les avantages annoncés, il semble donc qu'il n'en reste véritablement que deux :

D'abord et incontestablement celui de fournir le moyen, unique jusqu'à ce jour, de franchir de longues rampes fortes et sinueuses, telles que ne peut manquer d'en offrir la traversée par voies de fer d'une chaîne de montagnes ; et c'est déjà un lot assez beau pour motiver les vœux les plus énergiques en faveur du succès des épreuves ;

En second lieu, celui de supprimer le transport onéreux de la locomotive sur les pentes supérieures à 6 millimètres où la descente ne restitue plus au mouvement le surcroît de force consommée à la montée, et de permettre ainsi de diminuer la force des rails.

Mais ces deux avantages ne sont pas sans compensation ; ils sont achetés au prix de plusieurs inconvénients graves: Ses inconvénients.

1° La nécessité d'un tube volumineux, assez cher pour dépasser notablement l'économie faite sur la force des rails, de telle sorte que si l'on construit dans ce système, comme pour les autres, deux voies qui semblent indispensables surtout pour opérer les fortes descentes, indépendamment de la montée, la construction pourra coûter sensiblement plus cher.

2° Le nombre des points d'arrêt est considérablement accru, quintuplé pour les grands convois. C'est assurément là une cause énorme de retard, et les vitesses les plus considérables pendant le mouvement sont à peine suffisantes pour le compenser.

3° Les machines fixes sont si multipliées, que le matériel de l'exploitation est une cause importante de dépenses. Puis leur travail continué en partie, même dans l'intervalle des passages, pour tenir le tube aspirateur prêt à recevoir le piston du convoi suivant, ce travail peut devenir coûteux, malgré l'économie de combustible que doivent offrir des machines fixes sur des locomotives.

4° Enfin, l'occlusion à maintenir dans chaque tube, malgré sa longue rainure (3 ou 4 kilomètres) si précairement fermée, et malgré le passage des convois longtemps réitéré.

Ce sont là toutes questions à résoudre par l'essai qui va être tenté et dont le succès est tant à souhaiter. Mais quoi qu'il arrive, ne paraît-il pas évident que le système atmosphérique n'est pas destiné à remplacer les locomotives, tant que le tracé des chemins de fer ne sera point obligé de dépasser 6 millimètres de pentes généralisées?

Ainsi les règles de tracé développées plus haut ne doivent pas en être sensiblement affectées, et c'est là surtout ce qui importe à la discussion actuelle.

Voitures articulées.

Il reste enfin le système des voitures articulées.

Cette innovation, on le comprend par son titre seul, a trait seulement à la question des courbes, et ne réagirait qu'indirectement sur celle des pentes. Et pour mieux exposer le but qu'elle se propose, il faut dire d'abord en quoi consiste le système actuel des véhicules.

Avantages et défauts du système actuel de véhicules.

Les voitures actuelles ont quatre roues fixées deux à deux aux extrémités d'un même essieu qui tourne avec elles dans des boîtes; celles-ci attachées à un châssis invariable, invariablement quant au mouvement horizontal, et par des ressorts jouant verticalement, qui ne permettent au châssis d'obéir qu'à un mouvement dans le sens de la pesanteur.

Ainsi point d'indépendance dans les roues du même essieu, dans les essieux du même wagon. Les deux roues accouplées font toujours le même nombre de tours; les deux essieux accouplés sont toujours parallèles entre eux.

C'est la translation par roulement dans sa plus grande simplicité, mais bien organisée seulement pour la ligne droite; car à l'instant où il faut changer de direction, tout semble devenir difficile. Les roues accouplées, qui ont alors à parcourir deux chemins inégaux, ne pouvant réaliser cette inégalité par leur rotation, sont obligées de la demander au glissement de l'une ou de l'autre; glissement qui ne peut s'obtenir que par une pression latérale d'un mantonnet d'avant contre le rail extérieur, ou d'un mantonnet d'arrière contre le rail intérieur.

Cette pression, à son tour, crée un frottement de ce mantonnet, d'autant plus puissant que le point de contact latéral se trouve plus éloigné du point de contact horizontal sur le dessus du rail, parce que cette distance est le bras de levier à l'extrémité duquel agit le frottement latéral contre le mouvement de rotation. Or, ces deux points de contact sont d'autant plus près l'un de l'autre que le plan de la roue est moins incliné par rapport à la direction du rail, c'est-à-dire l'essieu plus normal à la courbe. Il y a donc un véritable intérêt à établir cette normalité des deux essieux, qui n'est autre que leur *convergence* vers le centre de la courbe. Eh bien! c'est précisément ce qu'ils ne peuvent réaliser dans le système actuel, obligés qu'ils sont de demeurer parallèles.

Ainsi l'accouplement des roues fait naître une plus forte nécessité pour les mantonnets d'appuyer contre les rails; et le parallélisme des essieux, en forçant leur obliquité par rapport aux courbes, aggrave encore les effets du frottement latéral.

Malgré cela on a maintenu jusqu'à ce jour cette disposition; et ce n'est point par ignorance, car depuis longtemps on sait se mouvoir sur les routes ordinaires avec des roues et des essieux indépendants. Ce doit donc être par des motifs sérieux; et en effet ces motifs les voici :

La sécurité publique n'a paru suffisamment garantie que par cette fixité absolue de toutes pièces qui ne laisse aux accidents que les cas de force violente. On a considéré que la possibilité de convergence ne peut être communiquée aux essieux qu'en leur laissant un jeu qu'il faut ensuite contenir; et il a paru très-difficile de réaliser un tel mécanisme sans accroître considérablement les dangers courus. On comprend en effet qu'il y a quelque chose de peu rassurant à voir les 25 essieux d'un convoi ordinaire marchant avec des vitesses de 10 à 15 lieues à l'heure et maintenus dans leur position par un simple mécanisme allant de l'un à l'autre et tenu en définitive par la main d'un homme. Il faut ici tant de pièces diverses dont la solidité assurée aujourd'hui peut avoir inopinément disparu demain, qu'il est bien permis de s'en inquiéter. Et cette raison doit avoir d'autant plus de force que l'on voit la tendance incessante des habitudes commerciales vers la rapidité des transports (1).

Il est vrai qu'au premier abord on pourrait croire trouver une sorte de compensation à ce danger dans la normalité de l'essieu qui semble devoir rendre les déraillements plus difficiles. Mais en y regardant de plus près on ne tarde pas à voir que c'est la courbure du rail bien plutôt que l'obliquité de l'essieu qui est ici la cause du mal. Est-ce que cette obliquité change quelque chose à l'intensité et à la direction tangentielle du mouvement général du véhicule? Est-ce que dans le cas d'un déraillement ce n'est pas à cette direction seule qu'il obéit et non à l'obliquité du mantonnet? Est-ce que ce n'est pas dans la direction de ce mouvement tangentiel qu'il va chercher sur le rail, en roulant ou non, le point qui ne lui permettra plus de retomber dans la voie? Est-ce que cette obliquité qui peut avoir quelque influence pour accroître notablement le bras de levier du frottement latéral à cause de la petite dimension de celui-ci, n'est pas innappréciable, même avec un parallélisme invariable, quand il s'agit de direction? Ce serait évidemment se bercer d'illusions que d'espérer, par la normalité des essieux, échapper aux déraillements. Contre eux les véritables, les seuls remèdes, sont l'évasement des courbes, et le ralentissement de la marche. Le parallélisme des essieux ne présente donc sous ce rapport qu'un désavantage insignifiant.

Un second motif en faveur de ce parallélisme, c'est que, permettant de faire porter le fardeau sur l'aplomb même des roues, il réduit chaque essieu à ses moindres

---

(1) Le parlement britannique vient de donner la préférence à la grande largeur de voie procurant la grande vitesse.

dimensions, tandis que tout système de convergence obligeant à faire porter tout le poids sur le milieu de l'essieu, pour laisser sa rotation libre, en augmente notablement les dimensions et fait naître un frottement plus grand sur les tourillons, soit par l'accroissement du diamètre des fusées, soit par la création d'un frottement double répondant à l'inévitable flexion de l'essieu sur le centre. Et de la sorte il peut arriver que pour rendre le mouvement plus facile sur les courbes on l'enraye sur les alignements droits; et comme en général ceux-ci dominent dans les chemins de fer, la convergence des essieux et l'indépendance des roues risquent d'être un remède pire que le mal.

Un troisième motif, c'est qu'en donnant pour correctif à l'accouplement invariable des roues jumelles, une certaine conicité des jantes, on parvient à ramener ainsi vers l'intérieur de la voie par la différence des deux rayons une roue qui tendrait trop à s'approcher d'un rail, et cela avant qu'elle n'ait pu l'atteindre.

Il est vrai que l'on crée ainsi ce mouvement de lacets si incommode aux voyageurs; malgré cet inconvénient on persiste dans cette conicité parce qu'on y trouve un moyen d'empêcher les causes permanentes telles que le vent, l'inégalité de deux roues, etc., de tenir la voiture constamment appuyée sur un côté.

On a dit enfin, en faveur du système actuel, que la convergence des deux essieux, nécessaire pour répondre à une courbure dont le rayon s'élèverait même à 300 mètres, est si faible (2 millimètres à peine) qu'il y avait toujours dans le jeu des diverses pièces, et notamment dans la flexibilité des ressorts, le moyen de réaliser cette convergence, et l'on a semblé en conclure qu'à cet égard tous les besoins de la pratique se trouvaient suffisamment satisfaits. Mais cette conclusion manque évidemment de justesse, car s'il est vrai que cette convergence est possible, on ne peut toutefois l'obtenir que par un effort, et c'est encore le rail extérieur qui le fournit par un surcroît de pression; c'est-à-dire que si l'on diminue ainsi le levier du frottement latéral, on augmente l'intensité de celui-ci; et rien ne dit que la balance doive pencher en faveur du parallélisme des essieux.

Modifications introduites par M. Arnoux.

Voyons maintenant quels changements sont apportés à cet état de choses par le mode d'articulation que M. Arnoux a imaginé.

Ce système n'a d'autre objet que de rendre les roues indépendantes, et d'obliger, pendant le passage des courbes, les essieux à converger presque d'eux-mêmes, par un ingénieux mécanisme qui dispense l'homme d'y mettre la main.

L'indépendance des roues est obtenue comme sur les routes ordinaires en les faisant tourner aux extrémités de l'essieu qui ne tourne pas.

La convergence des essieux est réalisée en les rendant tous mobiles autour d'une cheville ouvrière placée à leur centre, et tous solidaires d'une même impulsion de rotation, par un système de doubles chaînes, qui se croisant d'un essieu à l'autre, donne à chacun un mouvement contraire de celui de ses voisins et les oblige ainsi, au même instant, à se rapprocher tous du même côté et d'une distance pareille.

Ce sont bien là les conditions qui doivent les faire converger vers un centre commun.

Quant à l'impulsion, elle est communiquée au premier essieu par le chemin lui-même au moyen de quatre petites roues qui roulent contre le bord intérieur des deux rails et sont fixées deux à deux aux extrémités de cet essieu de manière à le tenir constamment dans une position perpendiculaire aux rails.

Ce moyen est assurément aussi simple, aussi satisfaisant qu'on pouvait l'espérer; toutefois on comprend qu'il doit lui rester les défauts inséparables de la mobilité de toutes ces pièces.

Ainsi il est évident que s'il diminue l'effort de traction sur les courbes, il doit l'augmenter sur les alignements droits, et l'expérience seule peut apprendre quel est ici, entre ces deux effets, celui qui domine l'autre.

Il est clair aussi qu'il est moins rassurant de se confier, avec les grandes vitesses, au jeu de toutes ces chaînes, quand le bris d'une seule, dans une secousse violente, peut entraîner l'indépendance désordonnée de tout ce qui suit; puis à ces roulettes, sur lesquelles repose toute la sûreté de la combinaison, qui se trouvent cependant si exposées, obligées qu'elles sont, par leur petitesse, de faire un nombre considérable de révolutions.

Conclusion.

De tout cela et de quelques autres points inutiles à rappeler, la pratique décidera. Mais quoi qu'il arrive de l'épreuve qui va se faire, n'est-il pas évident que la plupart des considérations exposées plus haut sur les déraillements conserveront toute leur force; et, pas plus avec les voitures articulées qu'avec les voitures invariables, on ne pourra se hasarder sur les petites courbures avec les grandes vitesses.

Si donc le chemin à construire doit réaliser des transports rapides, la question de sécurité publique suffira toujours pour imposer aux courbures la même limite; et alors, rien n'étant changé à l'égard des pentes, rien à l'égard des courbures, les règles des tracés demeureront à peu près ce qu'elles sont déjà avec le système actuel.

Si au contraire le chemin de fer est dans une situation spéciale, exceptionnelle, qui lui permette de se contenter de petites vitesses ou le contraigne à s'y résigner, les voitures articulées de M. Arnoux pourront évidemment rendre de grands services; et n'offrissent-elles que cet avantage, il peut être assez fréquemment réalisé pour laisser encore à cette ingénieuse combinaison une grande utilité.

Résumé du paragraphe.

Enfin, résumant en quelques mots le sujet traité dans toute ce paragraphe, et m'attachant seulement aux points essentiels, je me crois le droit de dire que les enseignements du passé, d'accord avec les espérances de l'avenir, conseillent, dans le tracé des voies de fer, de ne pas dépasser 6 millimètres pour pente *généralisée* et de ne pas descendre au-dessous de 1,000 mètres pour rayon de courbure *habituel*;

Que les pentes plus fortes, les courbures plus serrées, doivent être réservées pour des cas exceptionnels, régis par des règles spéciales qui se puiseront pour chacun dans sa propre situation.

Que dans les grandes voies il faut éviter, même en ces exceptions, d'aller au delà des inclinaisons de 12 millimètres et de prendre moins de 500 mètres pour rayon de courbure, afin que la locomotion n'y soit pas trop périlleuse et qu'elle puisse s'y opérer soit par la machine voyageuse toute seule — alors aux dépens de la vitesse et en renonçant dans ce court trajet à utiliser la détente de la vapeur — soit à l'aide d'une seule machine de renfort, lorsque le trajet exceptionnel est assez prolongé pour permettre de l'utiliser convenablement ;

Enfin que tous les cas forçant à franchir ces limites doivent être rangés dans une catégorie extraordinaire à laquelle se consacreront plus spécialement les moyens extraordinaires de solution, tels que machines fixes, systèmes atmosphériques, voitures articulées, etc., etc., lorsque l'expérience sera venue en éclairer et régler l'application.

§ IV. Du tracé des chemins de fer sous le rapport des populations qu'ils doivent desservir.

Historique des vicissitudes subies par les règles du tracé.

Je disais, en commençant le précédent paragraphe, les vicissitudes précoces qu'avait eues à subir l'art des chemins de fer. J'avais alors en vue les règles techniques recommandées pour franchir convenablement les obstacles opposés par le relief du terrain, et je montrais qu'après avoir brusquement passé des conditions les plus larges aux exigences les plus étroites, on semblait vouloir s'élancer de nouveau vers une tolérance exagérée, sautant toujours ainsi, comme à pieds joints, par-dessus la vérité.

Tracés directs.

Eh bien! ce que je disais à l'occasion des pentes et des courbures peut se répéter presque mot pour mot à propos des lieux à toucher, des populations à desservir.

Et, en effet, sans même parler de ce moment où, les rails-ways n'ayant pour destination que le service des minerais, on ne dut guère s'inquiéter des populations rencontrées ; sans m'occuper de cette première époque, je veux citer seulement les principes contradictoires qui sont venus successivement présider aux tracés depuis que les chemins de fer se sont vus destinés aux transports des personnes.

Dans les rails-ways, ce qui frappa le plus l'imagination, c'est, je l'ai déjà dit, la venue de la locomotive avec sa miraculeuse vitesse. Par elle, l'homme se vit franchissant en quelques heures les plus grandes distances, volant d'une capitale à une autre, de la métropole industrielle jusqu'aux grandes populations agglomérées. Ainsi, le manufacturier, le commerçant allaient désormais traiter en personne leurs affaires lointaines ou accidentelles sans compromettre, par une absence trop prolongée, leurs intérêts permanents, ceux qu'il faut laisser sous le toit domestique. La grande production, l'industrie généralisée, allaient donc se mettre en contact avec la consommation, supprimant ainsi la plupart des intermédiaires, l'accumulation et le séjour des produits dans les magasins, beaucoup de chances funestes ; en un mot, cette foule de frais commerciaux que la lenteur des communications engendre inévitablement, pour répondre à propos aux besoins du consommateur lointain.

Abus du principe.

C'est assurément là un bien grand service, le plus grand peut-être que la sociabilité pût demander à la science. Il n'est pas surprenant que son immensité ait tout d'abord frappé les imaginations au point de ne pas leur en laisser apercevoir d'autres. Puis, de leur côté, les grands politiques, les hommes d'État s'émerveillaient en songeant que, par ces voies nouvelles, la France, si heureusement placée entre un immense continent et les deux mers les plus commerçantes du monde, allait appeler à travers son territoire le flux des affaires de mille autres nations et se faire ainsi de tous ces peuples des amis obligés.

Aussi, pendant longtemps on ne sut parler que de lignes de transit, ne songeant qu'à imposer aux chemins de fer toutes conditions en harmonie avec les grands trajets directs de capitale à capitale, de métropole à métropole ; et l'on peut résumer en quelques mots tout l'art des tracés tel que le firent ces premières impressions :

La ligne la plus droite et la plus horizontale, sans nulle préoccupation de cette foule de localités de quatrième, de troisième, et même de second ordre qu'on pouvait trouver sur son chemin.

C'étaient là des principes d'une telle simplicité qu'ils purent être adoptés avec empressement. Mais la pratique des choses vint bientôt, elle aussi, porter son mot, et il ne fut pas favorable à ces règles absolues. Tracés déviés.

D'abord, on se fatigua d'avance des efforts si grands que nous allions faire pour l'utilité des autres peuples, tout en négligeant si bien nos propres intérêts, nos intérêts domestiques ; et les critiques, après le premier engouement, parvenant à se faire écouter, prétendirent trouver dans notre conduite plus d'esprit chevaleresque, quelques-uns disaient plus de don-quichotisme, que de prudence et de discernement ; et, sous le feu de cette réaction, les grandes idées de transit perdirent bientôt la faveur publique.

D'un autre côté, les recettes des chemins construits ne tardèrent pas à apprendre qu'on avait beaucoup trop dédaigné les courts trajets. Il arriva, dans l'origine surtout, qu'ils furent la source de produits la plus importante ; et ce qu'on avait omis de compter même comme accessoire, se trouva former le principal.'

C'est qu'on n'avait pas aperçu dans l'emploi des rails-ways un autre genre d'utilité qui, pour être peu éclatant, n'en est pas moins précieux en réalité ; c'est la faculté donnée aux situations inférieures de la société de chercher à peu de frais, sans perte notable de temps et sans fatigue, leurs moyens quotidiens d'existence sur un espace beaucoup plus étendu.

Qu'on se figure, par exemple, la population ouvrière d'une cité industrieuse,—au lieu de s'agglomérer en s'entassant dans quelque faubourg malsain, pour y vivre de la vie la plus misérable, toujours à la merci du besoin, et alors aussi toujours exploitée par la cupidité mercantile,—qu'on se la figure se répandant chaque soir au loin sur les campagnes environnantes pour y rentrer au sein des populations agricoles et y trouver à la fois, habitation commune, victualité saine, économique, plus exempte de vices ; puis, contre les mauvais jours industriels ou les exigences avides, un refuge assuré dans ces familles agricoles qui peuvent être les siennes ;

Qu'on se figure ce mélange intime, cette assurance mutuelle entre l'industrie et l'agriculture, aidant à résoudre, comme nous l'avons montré plus haut, les deux grands problèmes de la philosophie industrielle moderne, l'utilisation des loisirs forcés de l'agriculture et l'amélioration du sort des classes ouvrières ; qu'on se figure cet immense résultat social réalisé par les chemins de fer autour de chaque cité, au moyen de transports assez courts, il est vrai, mais tous les jours réitérés ;

Qu'on songe, d'autre part, à cette facilité donnée à toutes les classes de la société d'aller, aux jours de fête ou de repos, puiser aisément et à une distance notable, la distraction et l'air pur que la santé réclame, mais que refuse l'agglomération au milieu de laquelle leur existence est habituellement enchaînée ;

Que l'on considère ces foires, ces nombreux marchés, où régulièrement chaque semaine viennent se mettre en présence tous les produits échangeables créés dans un cercle dont l'étendue peut s'accroître notablement par le voisinage d'un rail-way ;

Qu'on suppute, en un mot, cette foule de services sociaux que les chemins de fer peuvent rendre par des transports à petite distance, et l'on ne sera plus étonné que les courts trajets aient donné un résultat si remarquable, ni qu'ils l'aient donné si promptement, eux qui, pour se développer, avaient si peu à faire violence à l'état préexistant.

Abus des déviations.

Les esprits les plus clairvoyants ont bientôt aperçu ce nouvel aspect de la question ; et, en se hâtant de le signaler, ils ont rendu un véritable service. Mais à leur suite sont venus les esprits superficiels, ceux qui aiment à s'épargner la peine de descendre au fond même des choses. Ceux-ci, comme toujours, par ignorance ou paresse arrivant bientôt au fanatisme, ont tout oublié pour le nouveau venu ; et passant alors d'un aveuglement à un autre, on a rayé tout à coup les principes absolus de la veille, ces principes de tracé où la ligne droite et l'horizontalité dominaient tout, pour intrôniser les principes absolus du lendemain, où elles ne sont plus rien ; où la plus mince population a le droit d'infléchir la ligne la plus importante et de lui imposer les pentes les plus fortes, les courbes les plus serrées.

Avec des allures aussi brusques il serait bien étrange qu'on ne franchît point par-dessus la vérité ; aussi, pour peu qu'on examine avec calme les arguments sur lesquels on essaye de fonder cette exclusive doctrine, on ne tarde pas à être mis en garde contre l'entraînement de ses aveugles prôneurs.

Fausse argumentation contre les tracés directs.

Les trajets partiels, disent-ils, sont la chose essentielle, car leur masse est telle qu'elle efface presqu'en entier les longs parcours. Et, pour ériger en axiome cette assertion, voici les deux faits principaux qu'ils cherchent à mettre en relief :

1° Les recettes produites jusqu'à ce jour par les divers rails-ways en exploitation se composent principalement de parcours partiels ; et par suite, en calculant ce que coûte, aujourd'hui, à la circulation générale, une inflexion de la ligne concédée aux intérêts d'une localité, même petite, on trouve que les avantages obtenus par celle-ci présentent une masse toujours supérieure au sacrifice cumulé imposé à tous les longs parcours ;

2° Plus la ligne s'allonge, plus la masse des parcours partiels augmente par rapport à celle des parcours entiers.

Et d'abord, sur ces assertions une réflexion générale. Si elles étaient établies d'une manière incontestée faudrait-il en conclure que les tracés infléchis devraient être décidément préférés aux tracés directs ? Pour tirer cette conclusion, ne faudrait-il pas être assuré que l'avenir doit ressembler au présent, que les longs parcours n'ont pas à attendre du temps un notable développement ? Et qui oserait le prétendre, qui peut dire aujourd'hui jusqu'où les perfectionnements futurs peuvent porter les bas prix et la rapidité des transports ! Et, à ne prendre que ce qui est déjà bien réalisé, qui peut dire jusqu'où ira le mouvement lointain que prendront hommes et choses, à mesure que les habitudes agricoles, industrielles, commerciales, garrottées encore aujourd'hui exclusivement aux petites distances, se mettront en harmonie avec un nouvel état des choses, avec les relations lointaines et rapides !.....

Et l'on risque grandement de tomber dans l'erreur, lorsque, sur la foi d'une trompeuse analogie, assimilant un voyage prolongé à une consommation chère, on affirme que les longs parcours ne devront pas puiser leur développement dans les nécessités des classes nombreuses.

Est-ce que les matières de première nécessité à l'usage des pauvres ont moins besoin que d'autres d'être produites à bon marché ; est-ce qu'elles n'ont rien à gagner à se créer de préférence sur le lieu qui leur est le plus favorable, et à chercher ensuite au loin leurs consommateurs au moyen de transports économiques et prompts !

Puis, des choses passant aux hommes : est-ce qu'il n'arrivera pas souvent au simple ouvrier mal occupé sur un point, d'aller chercher ailleurs un travail mieux rétribué ou plus facile ; et ne sera-ce pas précisément à de grandes distances qu'il pourra trouver des différences notables dans le salaire accordé à ses labeurs !

Ah ! s'il s'agissait de comparer les diligences aux wagons, je comprendrais l'analogie citée en faveur du produit de ces derniers ; mais entre les grands et les petits parcours, je ne vois pas une application juste du principe des petites consommations ; car je ne sais vraiment trop si ce ne sont pas les classes inférieures qui finiront par puiser dans les premiers, plus encore que les riches, la satisfaction de leurs besoins les plus impérieux.

Il y aurait donc témérité évidente à tirer pour l'avenir contre les longs parcours une conclusion quelconque de l'état actuel des choses, qui n'est pas assurément l'état nouveau attendu de l'établissement des rails-ways.

Mais cet état présent lui-même est-il bien ce que disent les disciples aveugles de la nouvelle doctrine ?

Qu'avait voulu le maître ? arrêter simplement la société, qui semblait s'engager chaque jour davantage dans le dédain des petits parcours ; et pour mieux démontrer leur importance, il avait pris deux stations principales voisines — Bruxelles, Malines, par exemple ; — il avait compté les voyageurs passés de l'une à l'autre, les recettes produites.

Il avait pris d'un autre côté entre ces deux stations principales une station intermédiaire, et à 800 mètres de celle-ci il avait trouvé une ville, Wilvorde, qu'on eût pu traverser en allongeant de 100 mètres seulement le trajet général.

Puis calculant sur ces bases les conséquences de la déviation indiquée, il trouvait que les 167,000 voyageurs arrivés à Wilvorde pour se rendre à Bruxelles ou Malines, ou pour en revenir, auraient gagné une masse de temps et d'argent supérieure au temps et à l'argent perdus par les 1,100,000 voyageurs qui ont passé devant Wilvorde sans s'y arrêter.

Ce n'était là qu'un exemple rendu plus frappant afin de mieux arrêter aux bords d'un danger, et le service rendu était grand, incontestable. Mais les fanatiques qu'en ont-ils fait? Un principe absolu par lequel ils prétendent faire préférer en toute occasion le système des déviations à celui des tracés directs.

Qui ne voit pourtant combien cette prétention est mal fondée!

Qu'on suppose, au lieu d'une simple distance entre deux stations principales voisines (5 lieues de poste), plusieurs distances semblables, plusieurs stations, 20 par exemple, constituant une grande ligne de 100 lieues de longueur; puis entre chacune d'elles une déviation pareille à celle de Wilvorde;

Qu'on suppose les 167,000 voyageurs de Wilvorde appelés par leurs affaires non pas seulement à Bruxelles ou Malines — à 2 lieues et demie, — mais sur la ligne entière; et alors s'ils profitent de la déviation spéciale consentie pour arriver à eux, ils souffrent des 19 déviations accordées pour passer chez les autres; en sorte qu'il devient très-probable que ce système de déviation, qu'on revendique pour eux, va leur devenir nuisible à eux-mêmes si l'on en gratifie également tout le monde, comme la justice le commande.

Et cela indépendamment de la perte énorme que feraient les voyageurs du parcours général en suivant les 20 déviations qui leur seraient imposées.

On le voit, en admettant comme vraies les simples hypothèses faites à propos de Bruxelles, de Malines et de Wilvorde, l'argumentation à laquelle elles peuvent servir de base ne prouve absolument rien en faveur du système des déviations, quand on prétend le généraliser et l'appliquer sur une longue ligne.

Cet exemple était fort bien choisi pour appeler l'attention sur l'importance des courts trajets; mais il serait le plus partial de tous si l'on avait la prétention d'en faire jaillir leur prédominance.

Et l'on n'affermit pas davantage le principe en montrant que plus une ligne s'allonge, plus la masse des parcours *partiels* augmente par rapport à celle des parcours entiers. Qui ne voit en effet qu'en substituant dans la controverse les parcours *partiels* aux *courts trajets*, les parcours *entiers* aux *longs parcours*, l'argumentation est changée dans sa base et dans son but?

Rien assurément n'est plus vrai en général que l'affaiblissement des parcours entiers, c'est-à-dire des voyages entre les deux extrémités d'une ligne, à mesure que cette ligne s'allonge. Rien n'est plus vrai aussi que l'accroissement de la somme de tous les autres parcours, puisque à chaque allongement nouveau, ceux-ci s'augmentent de tout ce qu'on appelait le parcours entier avec la longueur précédente. C'est là une vérité fort incontestable assurément, mais qui n'est pas moins innocente.

Qu'importe en effet à la question des déviations l'accroissement des parcours partiels ainsi entendus! Est-ce que tous ces parcours partiels réclament le système des déviations? Est-ce que par exemple, dans notre ligne de 100 lieues avec ses 20 déviations, chaque parcours entre les extrémités et son milieu ne repousserait pas les 10 déviations qu'on voudrait lui faire subir? Et pourtant il serait compté parmi les parcours partiels.

Pour prouver quelque peu en faveur du système préconisé, c'est autrement que les chiffres voudraient être groupés. D'un côté il faudrait laisser seulement les petits voyages parcourant moins qu'une distance entre stations, et reporter du côté opposé cette foule de parcours appelés *partiels* et qui ne les repoussent guère moins que les parcours entiers.

Ce sont donc tout simplement deux mots et deux chiffres à rétablir, et si vous essayez de le faire, il ne restera plus rien de la conclusion qu'on en voulait tirer en faveur du système des déviations.

On le voit donc, les principes absolus qu'on voudrait aujourd'hui substituer à ceux d'hier n'ont pas une base plus solide.

Fusion des deux principes. — Embranchements.

Mais est-il donc nécessaire de passer ainsi d'un extrême à l'autre? Pour ménager les intérêts lointains, faut-il écraser les intérêts de voisinage; ou bien pour assurer ceux-ci, sacrifier inconsidérément les premiers? Ne peut-on enfin essayer de satisfaire raisonnablement les uns et les autres à la fois?

C'est là une pensée qui ne peut manquer de se faire jour dans tout esprit exempt de fanatisme, et l'expédient des embranchements se présente tout d'abord pour venir en aide en cette double nécessité.

Préventions injustes.

Mais combien de préventions se dressent aussitôt contre eux!

Les villes ne s'en contentent pas; les compagnies concessionnaires les repoussent, et l'État lui-même se laisse entraîner à cette défaveur d'autant plus facilement, qu'elle le conduit à des suppressions ressemblant à des économies.

Voyons pourtant si un tel sentiment de répulsion est juste en toute occasion, voyons si dans son exagération il ne serait pas lui-même la conséquence de cette autre exagération que nous venons de signaler et qui exalte si haut le principe des déviations.

Pourquoi les villes dédaignent les embranchements. — Leur intérêt véritable.

Qu'une ville dédaigne l'embranchement dont on veut la doter, je le comprends si le service doit en être imparfait, s'il ne peut être ni assez fréquent, ni assez rapide, ni assez commode; mais elle serait bien aveugle si elle allait se croire sacrifiée parce que ses oisifs n'auront pas la frivole satisfaction de voir fuir devant eux tous les convois, parce que les voyageurs de la ligne principale ne seront pas obligés d'admirer à la course ses tours et ses aiguilles.

Elle ne verrait donc pas que ce qui lui importe comme cité, c'est la présence des voyageurs qui s'arrêtent et non le passage de ceux qui traversent à la volée; que cette traversée sans repos ne peut avoir qu'un effet, c'est de suffire à la curiosité du plus grand nombre et de supprimer ainsi parmi ses visiteurs toute la catégorie des curieux; tandis que située à l'extrémité d'un embranchement, pour être vue elle devrait être visitée sérieusement, utilement pour elle;

Elle ne verrait pas que placée sur l'artère principale, elle est obligée de partager de toutes parts le mouvement commercial du pays environnant avec les stations voisines; tandis que placée à l'extrémité d'un embranchement elle ne peut avoir de stations rivales que d'un côté; la région environnante, sa tributaire exclusive, s'agrandissant considérablement et d'autant plus, chose remarquable, que l'embranchement est plus long.

Elles seraient donc bien malavisées les villes qui dédaigneraient de se placer à la tête d'un grand embranchement desservi comme l'artère principale; car à moins d'être ou lieu de croisement de plusieurs grandes lignes, ou port de mer de premier ordre, ou capitale d'empire, elles chercheraient vainement une situation plus favorable au développement de leur importance.

Pourquoi les compagnies les repoussent. — Leur intérêt n'est pas celui du public.

Les compagnies concessionnaires les repoussent!..... Ici je comprends mieux. Une compagnie a l'habitude de ne compter pour rien l'utilité indirecte de l'entreprise, cette utilité qui ne se traduit pas en péage, qui se répand sous mille formes, de mille manières dans tout un pays, mais sans lui rapporter à elle une rétribution quelconque. Ainsi, qu'un embranchement couvre simplement ses frais spéciaux, ce sera pour la société générale une précieuse entreprise. Eh bien! une compagnie la repoussera uniquement parce que ses administrateurs auront à prendre quelques soucis de plus.

Et ce sera bien mieux si l'embranchement ne donne pas dès le premier jour des produits suffisants. S'il faut quelques années pour arriver à un développement complet des affaires, ce développement dût-il être alors le plus brillant du monde, la compagnie aura à consulter son patriotisme; mais son patriotisme n'aura pas de patience pour attendre des profits, et l'embranchement sera déclaré détestable.

Oui, ce n'est que trop vrai, les embranchements doivent être rarement du goût des compagnies. Le point de vue où elles se placent, la certitude qui leur apparaîtra presque toujours d'obtenir d'un pays voisin *le même lucre sonnant*, que ce pays soit ou non doté d'un embranchement, les disposera à l'en priver.

Il ne faut donc compter que pour fort peu la répulsion des compagnies.

Pourquoi l'État ne doit pas épouser ces antipathies.

Quant à l'État, il ne peut avoir qu'un but, c'est de satisfaire aux besoins sociaux le plus économiquement possible. Supprimer un embranchement est bien toujours une diminution de dépenses; mais si en même temps il y a diminution plus grande d'utilité, la suppression ne sera plus une économie. Ainsi pour lui un embranchement ne peut être mauvais si son utilité n'est pas trop chèrement payée.

Conditions à remplir par un embranchement pour mériter d'être construit.

Il peut donc y avoir tel embranchement injustement proscrit, et pour être rangé dans cette catégorie, pour échapper au discrédit général qui semble les frapper tous aveuglément, que lui faut-il?

Il faut qu'il ne soit pas une simple fantaisie de localité et que son utilité sociale soit bien réelle.

Il faut qu'en recourant à lui l'artère principale reçoive une notable amélioration.

Il faut enfin que son exploitation ne soit ni trop chère, ni trop incommode.

Utilité sociale.

Quant à la question d'utilité, pour la résoudre, il suffit de rappeler le rôle que jouent les divers ordres de populations dans le mécanisme social.

Nous avons vu dans chaque pays, les divers produits qu'il destine à l'exportation, se rassembler dans une ville principale, dans un chef-lieu commercial et s'y échanger contre les produits de l'importation. C'est dans ces chefs-lieux que s'élabore tout le commerce général, c'est là qu'aboutissent tous les produits qui peuvent profiter des transports lointains. Réunir tous ces chefs-lieux commerciaux, voilà donc, dans sa plus grande extension, le problème dévolu aux chemins de fer. Aller au delà, c'est inutilement dépasser le but. Demeurer en deçà, c'est laisser hors du progrès une partie du commerce général; et à moins d'impossibilité absolue, un état a pour premier devoir social de chercher à donner à tous, tôt ou tard, ce qui ne doit être le privilége de personne.

Ainsi tout embranchement dont le résultat sera de rattacher au réseau des chemins de fer un chef-lieu commercial aura bien réellement un but d'utilité générale.

Amélioration de la ligne principale.

Et pour améliorer comme il convient la situation de l'artère principale par une combinaison d'embranchement, que faudra-t-il?

Obtenir un des quatre résultats suivants :

Que le trajet général de l'artère soit suffisamment raccourci ;

Ou bien que la viabilité en soit notablement améliorée sous le rapport des pentes et des courbures ;

Ou bien encore que des populations assez importantes, délaissées sans cela, se trouvent ainsi reliées au chemin de fer, en même temps que l'embranchement lui conserve le concours de la majeure partie de celles qui se trouveraient sur le tracé dévié ;

Ou bien enfin que les frais de construction première soient suffisamment diminués.

On pourrait à cette occasion se livrer à d'intéressants calculs si la science en son état actuel était assez abondamment pourvue de faits pratiques dispensant de recourir à des hypothèses précaires. Par malheur il n'en est rien encore; et force nous est de nous passer aujourd'hui de considérations mathématiques fixant avec précision le point où les avantages dominent avec certitude les inconvénients, et rassurent complétement l'esprit dans les circonstances douteuses. Heureusement que le tracé du chemin du centre n'en fournit point de pareilles. Entre les diverses combinaisons les différences seront si tranchées qu'elles ne laisseront, Dieu merci, nulle place à l'incertitude.

Service facile.—Commode. — Economique. Cas divers.

Quant à l'exploitation d'un embranchement, elle pourra présenter des facilités bien diverses.

S'il est assez long, si le mouvement qu'il doit satisfaire est assez important pour mériter deux voies et un service spécial aussi développé que celui d'une grande ligne, rien ne sera plus facile que de l'harmoniser avec le mouvement de l'artère principale *quel qu'il soit*. Il suffira de faire rencontrer à la station commune les locomotives des deux services, et on le pourra toujours aisément avec la régularité habituelle d'une pareille organisation. La légère chance de retard qu'apporterait dans la locomotion générale la nécessité de s'attendre mutuellement serait si faible qu'elle n'aurait pas le moindre inconvénient. Et alors même que la locomotive de l'embranchement, après son arrivée, devrait attendre quelque temps avant de repartir, la dépense occasionnée par ce moment de repos trouverait une ample compensation dans la suppression d'une locomotive de réserve, celle de l'artère principale pouvant au besoin fonctionner sur l'embranchement.

Dans ce cas, en tout semblable à la rencontre de deux grandes lignes, hommes et choses pourraient passer d'un convoi dans l'autre, sans perte notable de temps, sans même changer de wagons ou de voitures, et le service de l'embranchement, aussi fréquent, aussi commode que celui de l'artère principale, n'aurait pas pour les populations le plus léger désavantage.

Si le mouvement commercial de l'embranchement n'est pas assez important pour exiger un double service, c'est-à-dire un service spécial vers chacune des extrémités de l'artère principale; ou bien si la réunion des deux peut se faire sans inconvénients commerciaux, sans nuire en aucune façon à la commodité des voyageurs, tout se passera plus simplement encore et plus économiquement, s'il est possible de plier le service de l'artère principale à la rencontre, sur la station commune, des convois allant en sens inverse; et cette possibilité existera presque toujours, au moins pour un embranchement. Dans cette combinaison le même convoi sur l'embranchement fera le service répondant aux deux parties de l'artère principale et trouvera dans la réunion des deux mouvements une alimentation qui devra beaucoup plutôt devenir suffisante.

Alors les deux voies pourront se réduire à une seule, si la longueur de l'embranchement ne dépasse pas, ainsi qu'il arrive presque toujours, le trajet que peut parcourir la même locomotive, aller et retour, dans l'intervalle de deux convois principaux de l'artère.

Il est vrai que dans ce cas toutes les marchandises devront marcher sur l'embranchement en même temps que les voyageurs; et comme il y en aura parmi elles qui seront arrivées sur l'artère par convois spéciaux, pour celles-ci la concordance ne sera point parfaite à la station commune. Elles seront donc obligées en ce point non pas de changer de wagon, mais d'attendre quelque peu. Toutefois ce faible retard aura si peu d'influence commerciale, réparti qu'il se trouvera sur un long parcours, il sera d'ailleurs si bien compensé par la rapidité que prendront sur l'embranchement ces marchandises en profitant de la vitesse des voyageurs, qu'il n'y a vraiment pas à s'en préoccuper le moins du monde.

Quant au léger accroissement de dépense en combustible nécessité sur l'embranchement par le transport des marchandises à grande vitesse, il sera aussi compensé par la suppression à la station commune de la locomotive de réserve au compte de l'embranchement.

On le voit donc déjà, pour qu'un embranchement puisse être desservi économiquement, — plus économiquement peut-être que l'artère même, car il n'aura pas comme elle deux voies à entretenir, — pour qu'il puisse remplir cette condition importante, sans rien enlever ni à la commodité du voyageur, ni à un avantage commercial quelconque attendu des chemins de fer, il ne lui faudra pas un mouvement excessif ; il suffira qu'hommes et choses, voyageurs et marchandises s'agitant sur la localité même, ou se transportant au loin sur l'un ou l'autre côté de l'artère principale, puissent former le chargement moyen d'une locomotive. Et je le demande, est-il une cité ayant véritablement quelque importance qui ne doive réaliser cette condition, pour peu qu'elle y soit aidée par les populations intermédiaires que son embranchement desservira?

Longueur la plus convenable pour un embranchement.

Quant à la longueur suffisante pour que la locomotive ne perde nul temps aux deux stations extrêmes, et porte ainsi l'économie d'exploitation à sa dernière limite, il dépend de l'espace de temps qui séparera deux convois principaux de la ligne-mère. Jusqu'à présent, et je l'ai déjà dit, les convenances de la sécurité et du commerce semblent fixer cet intervalle à 2 heures. Ainsi avec la vitesse de dix lieues par heure usitée actuellement, la longueur d'embranchement la plus utile se trouverait de 30 à 40 kilomètres : un peu plus, un peu moins selon la rapidité que l'on se donnerait, ou le nombre de stations intermédiaires qu'on voudrait desservir.

Il est vrai que le progrès des affaires amènera sans doute dans la suite un rapprochement entre les convois principaux ; mais comme aussi la vitesse réalisée ne peut manquer de s'accroître en même temps, ces deux causes de modification agissant en sens contraire et tendant à se compenser, il est vraisemblable que la longueur la plus utile pour un embranchement demeurera fixée dans les environs de 30 kilomètres.

Dès que cette longueur diminue, les combinaisons économiques se dérangent.

D'un côté, la locomotive perd du temps aux stations extrêmes et les frais de traction s'accroissent.

D'autre part, le mouvement des affaires, propre à l'embranchement, diminuant avec la longueur, les frais généraux des deux stations extrêmes deviennent plus lourds pour chaque unité.

Puis l'incomplet des chargements augmente et laisse la locomotive plus inoccupée.

Le raccourcissement, en un mot, peut arriver à une telle limite qu'il fasse perdre à la voie de fer tous ses avantages sur les voies de terre ; et ce résultat doit arriver inévitablement lorsque la longueur se réduit à quelques kilomètres, trois ou quatre par exemple.

Alors les transports ordinaires, dégagés comme ils le sont de toute complication administrative et de cette foule de frais généraux inhérents à l'exploitation des chemins de fer, ces mille petites voitures qui peuvent sans inconvénients partir à toute heure et à toute volonté, s'empareront sans peine du transport des voyageurs, à qui ils offriront des dangers moins effrayants, une célérité toujours suffisante pour un si petit trajet, et des prix peut-être moindres.

Il ne pourra donc rester à la voie de fer qu'à transporter les marchandises qui, pour éviter un transbordement à la station, voudront y arriver toutes chargées sur leur wagon ; absolument comme il en serait d'une usine ou d'une exploitation particulière s'embranchant à un chemin de fer.

Ainsi quand il s'agit d'embranchement à un rail-way, il arrive ce résultat, fort singulier quand on ne s'en rend pas compte, que le plus court est loin d'être le plus avantageux. Presque toujours la combinaison de tracé qui attribue à la ville voisine l'embranchement le plus long, est celle qui sert le mieux ses intérêts de cité et qui rend à la fois meilleure la viabilité de l'artère principale en redressant mieux sa direction.

Confirmation des principes par des exemples. —Limoges et les diverses combinaisons pour la desservir.

Cette conclusion semble quelque peu paradoxale; et il n'est pas inutile de lui donner force par la citation d'un exemple. Pour le trouver dans la ligne même qui doit m'occuper spécialement, je n'aurai qu'à puiser par anticipation dans la deuxième partie, et Limoges, cette cité la plus importante des régions centrales, Limoges elle-même me le fournira.

Bientôt en effet on verra deux systèmes de tracés s'essayer à la desservir.

L'un, occidental, se proposant pour but spécial d'en rapprocher l'artère principale le plus possible, et parvenant à la conduire à 3 kilom. de la ville, à travers des obstacles qui, pour être franchis, obligent de recourir à des pentes de 8 millim., à des courbures de 500 m. de rayon, à 10,600 m. de tunnels, à 265 kilom. de parcours entre Vierzon et la jonction des lignes comparatives sur le faîte central; dépassant ainsi la bonne limite que les considérations les mieux fondées semblent conseiller, pour les pentes et les courbures, toutes les fois qu'une nécessité impérieuse ne commande pas de les franchir (1).

---

(1) Le système occidental compte seize variantes qu'on peut se procurer soit en traversant la Creuse sur un viaduc de 83 mètres de hauteur au-dessus de son lit, la Gartempe à 40 mètres, la Vienne à 37 mètres ; la Briance, à 40 mètres, et en arrivant sur le faîte central à la côte, 453 mètres, c'est-à-dire à 33 mètres plus haut ; soit en recourant, en outre, à un plan incliné de 0 m. 3 cent. par mètre, et à l'emploi d'une plate-forme tournante au lieu de courbe pour toucher Limoges au Champ de juillet et continuer vers la Garonne.

Un viaduc de 83 mètres de hauteur, à propos de chemins de fer exposés à toutes les trépidations du passage des convois, est une œuvre assez hardie et assez neuve pour inspirer quelques craintes sérieuses, et l'on peut, sans être taxé de pusillanimité, s'arrêter moins aux combinaisons qui le supposent, dont l'avantage, d'ailleurs, ne consisterait que dans une abréviation de 12 kilomètres, Alors, il n'en reste plus que 8, parmi lesquelles 6 supposent le viaduc de 40 mètres sur la Briance; et dans ces derniers, 2 passant au Champ de juillet, à Limoges, exigent de plus le plan incliné de 0 m. 3 c., et la substitution de la plate-forme tournante à une courbe. Celles-ci, les plus courtes de toutes, ont pour longueur, entre Vierzon et Limoges, 209 kilomètres et 214, selon que l'on traverse la Gartempe à Rocherolles ou à Rebeyrolles.

Deux variantes seulement échappent donc aux moyens extraordinaires. Elles viendraient déboucher vis-à-vis le confluent de la Briance, et se rattacheraient à Limoges par un embranchement de 6 à 7 kilomètres établi dans le bassin de la Vienne. Alors la distance en voie de fer entre Vierzon et Limoges serait : 225 kilomètres par Rocherolles, 230 par Rebeyrolles.

C'est cette dernière qui est citée dans la comparaison ci-dessus, parce que tout en échappant aux moyens trop héroïques de solution, elle parcourt, avec des pentes plus douces, le trajet le plus

Un système oriental, prenant aussi pour obligation de desservir Limoges dès le premier moment, mais sans renoncer à l'expédient d'un embranchement spécial, et parvenant alors à raccourcir l'artère principale de 26 kilom.; à se rapprocher beaucoup de Guéret et de Bourganeuf; à diminuer jusqu'à 6 millim. la pente normale; à porter à 800 m. la limite inférieure du rayon de courbure très-rarement atteinte, et à 1,000 m. le rayon habituel; à réduire à 1,600 m. la longueur des tunnels jusqu'à Limoges, et entre Vierzon et le Midi du faîte central à 5,600 m. réductibles encore à 4,000, ou même à 3,500 par un allongement de quelques kilomètres;

Cette combinaison pouvant sans peine atteindre à Limoges par deux embranchements, ayant leur point de départ au midi de Saint-Léonard, dirigés le long du bassin de la Vienne, à travers les populations importantes qui le bordent; l'un de 20 kilom. de longueur, et arrivant sur la rive droite au centre même de la ville haute, l'autre n'ayant que 18 kilom. de longueur, mais ne venant aboutir qu'au pont Louis-Philippe, sur la rive gauche;

Le parcours total entre Vierzon et Limoges se trouvant enfin égal pour le premier à 213 kilom. et à 211 pour le second;

Une autre combinaison enfin, éloignant plus encore l'artère principale et donnant ainsi plus d'importance aux deux embranchements, par l'addition à leur champ propre de toute la partie comprise entre Saint-Léonard et Mas-Léon; et par ce redressement plus complet de l'artère, obtenu, il est vrai, au moyen d'un tunnel de 2,000 m., parvenant à porter jusqu'à 43 kilom. le raccourcissement de l'artère principale, et à diminuer notablement la dépense de construction, même en y comprenant l'embranchement tout entier; le parcours total entre Vierzon et Limoges se trouvant ainsi égal à 218 kilom. par la rive droite et à 216 par la rive gauche.

Le simple énoncé de ce résultat final dit de reste que là est incontestablement la satisfaction la plus grande pour les intérêts généraux, pour la ligne entière.

Mais l'intérêt propre de Limoges, cet intérêt de cité qui n'est pas sans égoïsme, où le trouverons-nous?

Et ne sera-t-il pas, lui aussi, dans cette dernière combinaison, qui laisse à la ville

---

populeux et le plus éloigné du chemin de fer de Bordeaux, circonstances qui semblent la rendre préférable.

Au reste, les diverses variantes sont mises en présence dans la discussion spéciale dont est l'objet la traversée de la Creuse à la Dordogne (dans la deuxième partie). On y voit qu'en prenant parmi elles la plus favorable, et en ayant égard à la force et au temps consommés inévitablement par les pentes et les courbures qu'elle emploie, non-seulement on arriverait à Limoges plus rapidement et avec moins de frais en suivant la combinaison orientale, mais encore pour continuer ensuite vers la Garonne, il serait également plus prompt et plus économique de remonter la Vienne pour aller reprendre le tracé oriental.

Ainsi, en forçant chaque convoi de l'artère principale à venir passer à Limoges, au risque d'en repartir par le même chemin et de parcourir celui-ci deux fois inutilement, — ce qui reviendrait pour Limoges à être placée sur l'artère même,— il se trouverait encore avoir de l'avance et faire une économie de force sur tout convoi qui aurait suivi le tracé occidental.

Peut-il y avoir un argument plus concluant en faveur du tracé oriental, même dans l'intérêt le plus aveuglément égoïste de Limoges?

sa plus grande importance, son cercle d'action le plus étendu; et à l'embranchement sa plus grande valeur locale, industrielle et commerciale, par suite sa plus grande facilité d'exploitation, en lui donnant pour tributaire la région la plus riche du pays; celle qui peut devenir la plus industrieuse, par la possession, sur plus de 40 kilom. de longueur et 100 m. de chute, de la force motrice apportée par la Vienne ou par le Thorion, force au moins égale à 6,000 chevaux, déduction faite de la pente nécessaire à l'écoulement!

Que gagnerait donc Limoges à préférer la précédente combinaison, par exemple? Une abréviation de 6 kilom. à peine, et vers Paris seulement; mais aussi un embranchement trop court pour utiliser tout le temps d'une locomotive; d'une importance notablement réduite par la perte de Saint-Léonard et de la Vienne supérieure; enfin d'une exploitation plus difficile, partant plus chère, moins fréquente, plus incommode.

Enfin, y aurait-il pour Limoges quelque avantage dans les combinaisons occidentales? Les chiffres qui précèdent prouvent le contraire, et pour qu'on refusât de se rendre à leur autorité, il faudrait qu'on nourrît la secrète pensée d'empêcher tout prolongement ultérieur en détériorant volontairement la viabilité de la ligne générale.

Ce serait là de l'égoïsme local dans son plus fatal aveuglement, car la première victime, ce serait Limoges elle-même; il n'est pas difficile de le démontrer.

Ce qui adviendrait à Limoges si la ligne du Centre ne se prolongeait pas au delà.

Et en effet, que rechercherait-elle si elle pouvait donner accès à cette funeste pensée? Ce serait de s'attribuer le monopole commercial d'un vaste pays en le privant du contact immédiat des voies de fer. Elle voudrait, en un mot, s'établir l'entrepôt forcé du centre de la France.

Mais d'abord, quand l'ensemble des chemins de fer sera construit, restera-t-il quelque part un commerce d'entrepôt? Ce commerce, qui consiste à tenir des dépôts de marchandises dans des points intermédiaires entre le producteur et le consommateur, ce commerce ne peut manquer de s'affaiblir chaque jour, et finira par s'effacer des habitudes commerciales. Les magasins des fabricants et les ports de mer qui en tiennent lieu, voilà les véritables entrepôts de l'avenir. De là, les produits arriveront aux consommateurs sans stationnements intermédiaires; c'est bien le résultat inévitable que doit produire, nous l'avons vu plus haut, le commerce par échantillon substitué au commerce par emmagasinage; c'est le plus grand service que le mécanisme social attende des chemins de fer. Il faut donc que les anciennes villes d'entrepôt en prennent leur parti; à moins qu'elles ne soient ports de mer, et par là annexe nécessaire des magasins du producteur, elles doivent renoncer pour l'avenir à tirer leur prospérité du mécanisme des entrepôts. C'est dans la production propre du pays environnant qu'une cité devra désormais chercher son importance, et cette source de richesse pourra s'accroître assez par le développement des affaires locales pour dédommager amplement de la perte de l'autre. Ainsi, conserver l'espérance de demeurer ville intérieure d'entrepôt après la venue des chemins de fer, n'est-ce pas courir après une chimère?

Supposons pourtant que Limoges ait pour elle la faveur d'une exception; supposons que les habitudes commerciales du centre de la France ne changeront pas en même temps que toutes les autres; supposons enfin qu'en adoptant la combinaison occidentale, les imperfections de viabilité qu'on aura ainsi inoculées à la ligne entière faisant renoncer à son prolongement, le chemin du centre devienne tout simplement le chemin de Limoges qui se trouve ainsi placée à la tête d'une voie de fer.

Qu'arrivera-t-il alors? Où Limoges prendra-t-elle les tributaires de son entrepôt?

D'abord, ce ne sera pas au nord; les produits venant par le chemin de fer à destination du Berry et de la Marche n'iront pas, dépassant leur but, s'imposer les frais d'un double surcroît de parcours et d'un stationnement inutile.

Dans le pays situé au midi, je vois aussi une grande catégorie d'affaires qui ne gravitera point vers Limoges — celles qu'il liera avec la Garonne ou la contrée au-delà — et si aujourd'hui elles semblent peu considérables, demain elles peuvent acquérir une importance extrême, car l'Espagne est là, derrière les Pyrénées, avec tout son avenir. Pour celles-ci Limoges elle-même, toute dotée qu'elle serait d'un rail-way, prendrait la voie de terre vers la Garonne, parce qu'elle ne lui donnerait qu'un trajet de 60 lieues, tandis qu'en suivant la voie de fer elle en trouverait 240 (quatre fois plus), avec deux changements de lignes et d'administration; et pour longtemps encore les compagnies exploitantes sauront bien tenir au-dessous de cette proportion les avantages offerts par leurs tarifs.

Ainsi déjà il ne resterait tout au plus à l'entrepôt de Limoges qu'à puiser dans les relations que lierait *avec le Nord* le pays situé entre Vienne et Garonne.

Et puis là sera-ce encore Cahors et tout le bassin du Lot, avec sa navigation incomplète aujourd'hui, mais bonne demain, avec son voisinage du chemin de fer de la Garonne; sera-ce Cahors qui viendra emprunter les services de l'entrepôt de Limoges pour se donner 50 lieues à parcourir par voie de terre?

Sera-ce le bassin de la Dordogne, avec sa douce pente et sa navigation naturelle que l'art peut si bien rendre parfaite?

Sera-ce Périgueux, avec sa navigation de l'Isle et son voisinage du chemin de Bordeaux?

Sera-ce Aurillac, qui n'est guère distant de Clermont que de 150 kilomètres, tandis que près de 180 le séparent de Limoges? Aurillac, dont les produits, s'ils prenaient la direction de Limoges, seraient d'ailleurs arrêtés en chemin par la navigation de la Dordogne?

Sera-ce même le bassin de la basse Vezère, dont la navigabilité déjà décidée serait hâtée, d'autant plus que la ligne du centre ne serait pas alors appelée à le traverser, et donnerait à Brives, à Tulle, une descente si économique de leurs produits qu'elle entraînerait dans la même direction, pour utiliser les retours, la plupart des produits importés?

Ainsi donc, même pour le pays entre Vienne et Garonne, presque tout le mouvement des choses échapperait à Limoges.

Alors, que resterait-il à son entrepôt?...

Et quant au mouvement des hommes, n'oublions pas d'abord que Limoges ne lui offrirait qu'une voie de fer imparfaite, dont les pentes et les courbures ralentiraient les transports et aggraveraient les dangers. Assurément ce ne serait point là un attrait pour les voyageurs d'entre Lot et Garonne, et même d'entre Dordogne et Lot; et si le pays corrézien, malgré ces désavantages et sa proximité de Périgueux, en donnait quelques-uns de plus, qui certes éviteraient de s'arrêter à Limoges alors que le mouvement des marchandises ne les y retiendrait pas, serait-ce là, je le demande, une compensation à tout ce que Limoges aurait perdu, en sacrifiant à l'espoir trompeur de conquérir sur les affaires des autres un monopole chimérique, toute une moitié de ses propres affaires, toutes celles qui pouvaient se tourner vers le Midi ?

Peut-être bien qu'aujourd'hui celles-ci sont d'un faible poids dans sa balance commerciale; mais qui peut dire ce qu'elles deviendraient demain? Et Limoges serait-elle assez imprudente pour fermer d'avance à ses produits naturels, agricoles, manufacturiers ou minéraux, à toute son industrie le chemin du Midi, qui ne peut manquer de conduire un jour vers l'Espagne régénérée?

Oui, qu'on place Limoges à la tête d'un chemin de fer doté d'une viabilité aussi parfaite, si l'on veut, que le serait peu celle qui nous occupe; mais ne conduisant que vers le Nord, et n'ayant pour tout trafic que le mouvement propre à cette impasse.

Qu'on la place également à une extrémité du grand embranchement de la Vienne, au milieu des germes industriels que ce bassin possède, et qui vont alors prendre vie; qu'on place à l'autre bout assez peu éloigné de Limoges pour que ses transports généraux ne soient affectés dans aucun sens par la longueur de l'embranchement, qu'on place à cette autre extrémité une grande ligne de fer construite dans les conditions d'une parfaite viabilité, conduisant au midi aussi bien qu'au nord; laissant Limoges, tête de ligne, pour ainsi dire des deux côtés, et lui apportant en même temps un transit de choses et d'hommes qui vienne puissamment aider à son propre trafic.

Et qu'au lieu de tourner le dos à l'avenir pour regarder trop complaisamment un passé qui finira demain, une chimère qui ne peut prendre ni corps ni vie, on considère toutes choses de front dans leur réalité pure;

On ne verra jamais sortir de la première situation qu'infériorité industrielle et commerciale; tandis que l'autre, en donnant à la prospérité locale tout son développement, dotera la cité qui en deviendra *à perpétuité* le centre, non du vain titre de ville d'entrepôt, mais d'une importance qui ne sera pas moindre et vaudra mieux, car rien dans l'avenir ne pourra la faire reculer.

Mais laissons là cette digression dont on me pardonnera, j'espère, la longueur, en considérant son importance au milieu des questions soulevées par la ligne du centre. Revenons à notre sujet.

Conclusion.

Il est donc bien certain qu'une ville peut être mieux située que sur l'artère même d'une ligne de fer, et que cette situation meilleure est la tête d'un embranchement dont la longueur laisse au développement de l'influence urbaine un cercle suffisant (1).

---

(1) Dans le parallèle qui précède, il n'a point été parlé de plusieurs autres combinaisons où conduisent soit une plus grande tolérance dans les inclinaisons et les courbures, soit un système

Embranchements assez longs et assez importants pour être profitables à tous les intérêts.

Par conséquent, s'il se rencontrait dans le tracé d'un chemin de fer une combinaison, laissant en dehors de la ligne générale un centre commercial important qui pût être desservi par un embranchement long de 25 à 40 kilomètres, dont la dépense de construction serait couverte par le raccourcissement et l'amélioration obtenus sur l'artère même, il faudrait préférer le tracé direct à la déviation, car tous les intérêts, sans aucune exception, y trouveraient grand profit.

Ainsi, voilà déjà un ensemble de cas bien nombreux soustrait au principe absolu des déviations, et il en est d'autres encore qui pourraient fort bien s'accommoder d'un tracé direct.

Double embranchement formant dans leur ensemble une longueur et une importance suffisantes.

Que deux villes par exemple soient en face l'une de l'autre; que le tracé le meilleur passe entre les deux, à une distance de chacune trop faible, mais telle cependant qu'en réunissant les deux on forme une longueur de trajet et un mouvement d'affaires suffisants pour occuper une locomotive.

Le service de ce double embranchement pourra, lui aussi, s'organiser d'une façon très-économique, très-fréquente, et de plus assez peu incommode pour que les deux localités y trouvent encore amplement la satisfaction de tous leurs besoins commerciaux.

Alors la locomotive des embranchements croiserait l'artère principale deux fois dans chaque intervalle de temps séparant les grands convois, et si elle y rencontrait chaque fois un des deux convois marchant en sens contraire, les deux villes jouiraient l'une et l'autre d'une communication non interrompue avec une des extrémités de la ligne principale, et ne seraient obligées d'attendre à la station commune que fort peu de temps pour leurs relations avec l'autre extrémité.

Ce serait encore là un service très-satisfaisant; et, lorsque d'un autre côté l'assiette de ce double embranchement sera d'un établissement assez facile pour que sa construction n'ajoute pas notablement à la dépense qu'il faudrait faire en dirigeant l'artère principale vers l'une ou l'autre des deux villes, il pourra y avoir dans cette combinaison profit réel pour tous les intérêts :

Pour les relations générales par un raccourcissement de l'artère principale;

Pour la localité en mettant en contact avec les voies de fer la ville qui eût été délaissée ainsi que tout le pays parcouru par le double embranchement;

Pour la ville elle-même au détriment de laquelle le service immédiat se trouverait remplacé par l'embranchement; car celui-ci serait encore assez long pour qu'elle pût tirer un surcroît d'importance de l'avantage d'en former la tête; et puis parce qu'elle se trouverait ainsi dotée de relations locales qui n'auraient pas existé sans cela, ou qui se seraient partagées entre les deux stations de l'artère principale, ses voisines et ses rivales.

Ce concours favorable de circonstances sera certainement beaucoup plus rare que celui dont Limoges nous a fourni le type; pourtant elles se rencontreront encore, et la ligne du centre elle-même va nous en fournir un exemple remarquable.

---

mixte de tracé empruntant à la fois au système oriental et au système occidental. Ces autres termes de comparaison, qui seront plus tard examinés d'une manière spéciale, auraient laissé le contraste moins frappant sans doute, mais ils n'affaibliraient en rien cette conclusion finale, qui seule importe ici : *Toute ville pouvant se placer à la tête d'un embranchement de premier ordre construit tout d'abord, qui travaille à le raccourcir ou même à le faire disparaître, de manière à se trouver sur l'artère même, va directement contre ses propres intérêts.*

Exemple de cette situation exceptionnelle entre Châteauroux et La Châtre.

Châteauroux et La Châtre se trouvent précisément dans cette situation. La distance qui les sépare est 34 kilomètres environ, suffisante pour occuper tout le temps d'une locomotive, et l'établissement d'une voie de fer qui les unirait se trouve dans les conditions les meilleures et les plus économiques.

D'un autre côté, l'artère principale, en se dirigeant directement par Ardentes, trouverait pour l'assiette de ses voies un sol plus facile et un trajet plus court de 6 kilomètres; Ardentes, qui serait le lieu de la station commune, est à 13 kilomètres de Châteauroux, à 21 de La Châtre.

Si c'est par Châteauroux que va passer l'artère principale, La Châtre n'a plus assez d'importance ni pour alimenter à elle seule l'embranchement qui la conduirait à Châteauroux, ni pour en motiver la dépense. Elle demeure alors condamnée à se rattacher au chemin de fer par voie de terre; mais ce n'est plus à Châteauroux qu'elle va le joindre; c'est aux Rolins ou à Issoudun, selon la direction de ses transports. Ainsi La Châtre perd beaucoup sans que Châteauroux gagne quelque chose.

Dans la direction par Ardentes il en est tout autrement. L'artère principale faisant sur sa construction une économie de 4 millions suffisant à l'établissement de 20 kilomètres d'un embranchement à une voie dans la situation de celui qui unirait Châteauroux à La Châtre, le surplus de la dépense pour compléter l'embranchement est assez faible alors pour qu'il puisse se trouver compensé par l'avantage d'abréger, d'un côté, de 6 kilomètres le trajet parcouru par tout le monde; et, d'un autre, de rattacher, par un contact immédiat, au faisceau commercial et à l'exploitation directe, une ville de plus qui n'est pas sans importance, ainsi que tout le bassin supérieur de l'Indre dont le cours d'eau peut offrir à l'industrie des éléments sinon aussi importants que la Vienne, du moins fort dignes d'être comptés.

Quant à Châteauroux, si le service de la station commune fait subir à ses voyageurs quelque retard vers une des extrémités de la ligne, n'y a-t-il pas plus que compensation dans l'avantage d'être tête d'embranchement et de lier avec La Châtre, par voie de fer, des relations de chaque instant, radicalement supprimées par l'autre combinaison?

Enfin on pourrait ajouter que cet embranchement entre Châteauroux et La Châtre servirait peut-être, un jour, d'amorce à la ligne transversale la plus courte pour unir Lyon et la France orientale au littoral de l'Océan, aux ports de Nantes, de La Rochelle, de Rochefort, tout en allant traverser une région fort éloignée des autres voies de fer, et en même temps les bassins houillers de L'Aumance (La Barre-Doyet-Commentry), où elles pourraient parvenir soit par Saint-Amand et une partie du bassin du Cher, soit par Saint-Chartier et une partie de l'Arnon. N'est-ce pas là un avenir méritant quelque peu de n'être point dédaigné?...

Ces considérations auraient peine, je ne l'ignore pas, à trouver place au milieu des combinaisons peut-être arrêtées du chemin de Châteauroux ou des diverses préoccupations locales, et je n'ai pas la prétention de les faire accueillir. Toutefois c'est un exemple dont je ne pouvais me prévaloir; et d'ailleurs ayant le devoir de dire, sur la question qui m'occupe, tout ce qui me semble vrai, j'y aurais manqué en gardant le silence sur cet aspect de la question. A d'autres d'ailleurs le devoir et la responsabilité de la décision.

Quoi qu'il en soit, il résulte toujours de ce qui précède que si le principe des déviations peut justement revendiquer beaucoup de cas où l'embranchement aurait trop peu de longueur et de ressources commerciales pour être utilement exploitable, il faut évidemment qu'il abandonne à son rival cette foule d'autres que je viens de signaler.

Pour compléter l'examen de cette intéressante question, il resterait ici à fixer avec précision le point où doit cesser l'application respective de ces deux principes ; mais il dépend de tant de circonstances difficiles à apprécier mathématiquement, qu'il y aurait peut-être témérité à vouloir l'établir sur un calcul général, dans la disette surtout où l'on est encore de faits expérimentaux capables de bien asseoir le problème. Un calcul basé sur des hypothèses précaires que la pratique peut démentir demain inspirerait trop peu de confiance pour être utile ; il me semble donc plus raisonnable de s'en tenir pour le moment aux considérations générales qui viennent d'être présentées, et de laisser encore chaque cas particulier fournir les éléments de sa solution spéciale.

§ V. Résumé des considérations générales.

Essayons enfin, résumant tout ce qui précède, d'en faire sortir des règles de conduite servant de guide à travers les complications de tout genre que peut présenter le relief d'un pays, et notamment celui du centre de la France, au tracé d'un chemin de fer.

Je rappelle d'abord qu'il n'y a rien de fondé dans l'effroi inspiré à beaucoup de localités par la venue des chemins de fer ; que là où, épargnant à la société une dépense ou un travail avant eux indispensable, ils suppriment l'occupation de ceux qui s'y étaient consacrés, là aussi ils font naître, tout à côté, un tel développement des besoins conservés, qu'il s'y trouve amplement place pour tout le monde.

Je rappelle aussi que la substitution inévitable du commerce par échantillon, au commerce du passé qui ne pouvait se faire sans emmagasinages, au lieu de tendre à concentrer sur un petit nombre de points la vente de toutes choses, surtout des objets de luxe, est au contraire le moyen le plus propre à la disséminer ; et que c'est encore une terreur panique qui vient assaillir les villes secondaires, lorsqu'elles croient toucher au moment de voir s'enfuir toute leur importance actuelle vers quelques-unes, exclusivement privilégiées.

Je rappelle que le but des chemins de fer, c'est de développer d'abord le commerce général intérieur ;

Que ce commerce s'élabore dans des chefs-lieux commerciaux où vont se réunir, dans chaque pays, les produits qu'il livre à l'exportation, et d'où part la dissémination de ceux qui lui sont importés ; que mettre tous ces chefs-lieux en possession des voies rapides et économiques, c'est le premier besoin à satisfaire ;

Qu'après lui vient se placer l'intérêt manufacturier ; celui-ci demandant aux voies de fer de desservir, le plus possible, les lieux où existent les instruments du travail, afin de donner aux travailleurs un cercle de résidence plus étendu qui, leur permettant de garder ainsi le toit agricole, fasse profiter l'industrie manufacturière des loisirs de l'agriculture et soustraie l'ouvrier à toutes les terribles conséquences de l'agglomération manufacturière ;

Que le commerce international se montre ensuite, subordonné au commerce intérieur pris dans son ensemble, *mais non à chaque besoin local en particulier;* qu'après lui se présente le transit procuré à des peuples amis à travers le territoire national, service qui appelle une réciprocité de bienveillance, et consolide ainsi pour l'avenir les liens de la paix et ses bienfaits ;

Que l'intérêt militaire, le moins exigeant quand l'avenir est sans nuages, peut, en des circonstances données, devenir le plus pressant de tous.

Je rappelle que les chefs-lieux commerciaux, pour tirer des chemins de fer tous les services qu'ils peuvent en attendre, ne demandent pas, en toute occasion, que les grandes lignes internationales ou militaires s'infléchissent et se détériorent, en s'allongeant, pour les traverser ; que le système des embranchements bien entendu, loin de leur être préjudiciable, peut souvent accroître leur importance, et qu'il en doit presque toujours être ainsi lorsque, l'embranchement se tenant pour sa longueur dans le voisinage de trente kilomètres, il peut être dirigé suivant des lieux où se rencontrent des populations nombreuses, et où l'industrie manufacturière puisse trouver, approvisionnées par la nature, des forces motrices considérables.

Passant enfin aux moyens que l'art peut fournir pour arriver à la solution de ce grand problème, je rappelle que les tracés peuvent atteindre à des pentes généralisées de 6 millimètres sans qu'il y ait pour eux à craindre une infériorité appréciable, si on les compare à ceux qui seraient plus voisins de l'horizontalité ; qu'au-dessus de cette inclinaison, il y a un désavantage marqué, et croissant assez rapidement sous le double rapport de la sécurité et de la cherté des transports ; et quoiqu'il puisse arriver qu'un chemin de fer condamné à ces pentes supérieures soit encore fort utile pris d'une manière absolue, il est certain qu'il le serait bien davantage s'il ne les atteignait pas ;

Que les améliorations attendues de la science peuvent bien amoindrir, mais non faire disparaître le désavantage des pentes fortes, et que même, chose remarquable, plus la viabilité se perfectionne sous ce rapport, plus la limite où commence l'infériorité, placée en l'état actuel de l'art dans les environs de 6 millimètres, tend à s'abaisser ; de telle sorte qu'un pays dont le but serait de placer ses voies commerciales et industrielles dans la situation de ne pouvoir être primées, *quoi qu'il arrive dans l'avenir*, par celles de ses rivaux, devrait tenir l'inclinaison de ses chemins au-dessous de 6 millimètres;

Que les courbures de 1,000 à 1,200 mètres de rayon semblent être celles dont l'emploi peut être généralisé avec le plus d'avantage, mais que des rayons plus courts, en l'état de l'art, entraînent des dangers, ainsi que des frais de détérioration et de tirage croissant rapidement ; que, sous ce rapport beaucoup mieux que sous celui des inclinaisons, le champ reste ouvert aux perfectionnements de l'avenir ; qu'il est toutefois à craindre, par le danger des déraillements, que les petits rayons ne puissent jamais s'accommoder des grandes vitesses qui sont pourtant le service essentiel que la société attend des chemins de fer ; qu'il est donc prudent de ne pas trop se fier aux espérances de l'avenir, et de réserver ces courts rayons pour des circonstances vraiment exceptionnelles, qui ne puissent jamais être assez nombreuses pour rendre une grande ligne presque inutile, en la troublant dans toute son étendue ;

Qu'il est sage en dernière analyse, pour une nation dont la volonté est de mettre à tout jamais son industrie en état de lutter partout sans désavantage, de ne recourir ni aux pentes rapides, ni aux courbures serrées hors le cas de nécessité absolue.

Ces principes établis, terminons cette première partie par un coup d'œil jeté sur le relief général de la France.

§ VI. Aperçu général sur le relief de la France et sur les grandes voies qu'il réclame.

Le relief intérieur de la France reçoit son principal caractère d'un soulèvement montagneux qui en occupe le centre, et qui, en se ramifiant du midi au nord, de l'est à l'ouest, va donner à son territoire sa forme et ses divisions. *Montagnes du centre. — Leurs ramifications.*

Le rameau oriental, qui ne finit qu'après les Vosges, sépare à l'est un long espace occupé par deux cours d'eau de premier ordre, le Rhône et le Rhin, qui, descendus l'un et l'autre de la cime des Alpes presque perpendiculairement à leur direction commune, sont forcés, dès qu'ils parviennent au pied du rameau oriental, de se détourner l'un au midi, l'autre au nord, pour aller verser leurs eaux en des mers différentes. On dirait de ce grand chaînon, qu'il a été posé là par la Providence comme une digue contre l'irruption des eaux vomies par les Alpes. *Vallée orientale.*

Le Rhône et le Rhin finissent donc par couler en sens opposés ; toutefois, le faîte qui les sépare a si peu de hauteur, qu'ils semblent appartenir à une seule vallée, la vallée orientale, séparée de l'est par l'imposante chaîne des Alpes, et de la France occidentale par ce long rameau oriental dont le caractère montagneux s'affaiblit en quelques lieux, mais sans jamais disparaître.

Le rameau méridional se prolonge jusqu'à l'Océan où il va plonger près l'embouchure de la Gironde ; et semble avoir en face des Pyrénées une mission providentielle toute pareille. L'Aude et la Garonne, comme le Rhône et le Rhin, après être descendus des montagnes, suivant deux directions presque parallèles, finissent par couler en des sens opposés, et ne former aussi qu'une seule et grande vallée, la vallée méridionale, qui semble tout exprès creusée pour unir les deux mers. *Vallée méridionale.*

Quant au reste de la France, compris entre ces deux grands rameaux et l'Océan vers lequel toutes ses eaux s'écoulent, il compte deux grands bassins entiers, la Loire et la Seine, qui occupent son milieu, une portion du bassin du Rhin, la Moselle et la Meuse supérieure, qui la terminent au nord, et plusieurs petits bassins ou régions maritimes qui en forment le littoral. *Région centrale.*

Cette troisième partie peut aussi être considérée comme une même région malgré la diversité de ses contrées ; car aucun obstacle sérieux ne s'oppose à leurs relations réciproques, et toutes sont comprises dans cette vaste et puissante ceinture formée par l'Océan et par les deux grands rameaux des montagnes du centre.

Il faut donc distinguer en France trois grandes régions, une centrale, entourée des deux autres, ayant Paris au milieu, Lille à une extrémité, Limoges et Clermont à l'autre, versant à l'Océan, par la Loire à Nantes, par la Seine au Havre, et par mille autres cours d'eau moins importants ; baignée par l'Océan sur toute sa frontière occidentale ; ouverte au nord, fermée à l'est et au midi.

Une orientale, ayant Lyon au centre, Strasbourg à une extrémité, Marseille à l'autre, versant à la Méditerranée par le Rhône, à l'Océan par le Rhin ;

Une méridionale enfin, ayant Toulouse au centre, Bordeaux à une extrémité, Montpellier, Cette, Marseille même à l'autre, versant à la Méditerranée par l'Aude, à l'Océan par la Garonne.

Grandes voies de communication dans l'enceinte de chaque région.

Et dans l'enceinte de chaque partie, tout se prête aisément à la construction des grandes voies de communication.

De Lille à Clermont, de Chaumont au Havre, à Nantes,

De Strasbourg à Marseille,

De Cette à Bordeaux,

Pas un obstacle sérieux qui vienne s'opposer à leur établissement.

Relations réciproques entre les diverses régions.

Mais les difficultés commencent lorsqu'il faut mettre la région centrale en communication avec les deux autres, avec l'Est, avec le Midi.

Et ces difficultés naissent toutes des montagnes du centre, prolongées par ces deux grands rameaux qui, partout, élèvent une barrière difficile à franchir.

Il faut bien pourtant qu'elle s'abaisse si la France doit rester un seul corps de nation, si Strasbourg et Lyon ne doivent pas devenir des villes allemandes, si Toulouse ne doit pas être un jour espagnole ou anglaise.

L'on ira donc du Havre jusqu'à Strasbourg, et si l'on rencontre les Vosges sur son chemin, on les traversera quoi qu'il en puisse coûter, et Strasbourg restera ville française, et qui plus est une sentinelle éprouvée au jour du danger.

On ira de Paris à Lyon, de Lyon à Nantes, dût-on percer le mont Affrique et la chaîne de Tarare, et cette métropole de l'Est restera française de cœur et d'intérêt.

On ira de Paris à Marseille, dût-on ouvrir depuis Avignon 7 kilomètr. de tunnels, et dépenser près de 60 millions pour 31 lieues.

On ira de Paris à Marseille, et si la ligne par Clermont, rencontrant la chaîne centrale dans son point le plus élevé, y trouve un obstacle infranchissable, on passera par Lyon et la vallée du Rhône.

On ira de Paris à Bordeaux, dût-on traverser le rameau méridional dans les deux branches que forme sa bifurcation occidentale, et affronter toutes les difficultés de relief que présentent le cours de la Charente et tout l'espace compris entre Poitiers et Bordeaux.

Et l'on n'irait pas de Paris à Toulouse!

Et de Saint-Étienne à son extrémité occidentale, sur plus de 120 lieues, nulle part le rameau méridional ne serait traversé par les voies nouvelles!

Ligne du Centre

Et toute cette région du Midi, dont l'étendue dépasse le quart de la France entière, ne toucherait au mouvement des affaires que par ses deux points maritimes!

Et la France centrale, dans ses relations avec elle, se condamnerait à n'arriver à son milieu que par le chemin des nations étrangères, s'exposant ainsi à s'en trouver plus éloignée qu'elles, à voir Londres avec ses bâtiments à vapeur plus près de Toulouse que Paris!

Sa prolongation en Espagne.

Et avec l'Espagne la France n'aurait d'autres voies ouvertes aux grandes relations commerciales que la mer ou des chemins qu'elle baignerait pour ainsi dire sur des distances énormes!

Et si, malgré de tels désavantages, ces deux grandes nations parvenaient encore à former avec la Péninsule quelques relations, elles les voudraient laisser à la merci d'une attaque de forbans, qui viendraient à leur gré les arrêter sur ces longues distances!

Il y aurait donc impossibilité absolue d'aller de Paris à Toulouse autrement que par Bordeaux et Marseille? Ce rameau méridionnal ne saurait donc être franchi nulle part; et toute la France du Midi serait comme une île, abordable seulement par deux ports?

Il y aurait donc aussi impossibilité d'ouvrir à travers les Pyrénées centrales une grande voie qui pût abriter le commerce réciproque de ces deux grands pays?

Car s'il en était autrement, si ces deux passages pouvaient être réalisés, si une voie continentale pouvait traverser à la fois le cœur de la France et de l'Espagne, soustrayant ainsi partout et pour toujours cet intérêt de premier ordre aux irruptions maritimes, quelle serait la puissance humaine assez forte pour empêcher à jamais l'accomplissement d'un fait si clairement providentiel?.....

Eh bien! ce n'est point là une hypothèse gratuite, ce n'est point une vaine illusion. Bientôt il sera évident pour tous, je l'espère, comme pour moi, que de la Loire à la Garonne, de Paris à Toulouse, une grande voie peut être ouverte, aussi viable que toute autre, et réalisant, pour cette métropole du Midi, une abréviation supérieure à 130 kilomètres sur le trajet par Bordeaux, et à 360 kilomètres sur la ligne de Cette. Il sera évident que de Châteauroux à Salon (faîte central près Limoges), partie la plus difficile et la plus coûteuse, cette voie de fer, dans les meilleures conditions d'exploitation et d'entretien, coûterait à peine pour son établissement premier un tiers en sus du prix moyen de toute la France.

Bientôt aussi il sera démontré que nos relations avec l'Espagne par Bayonne et Perpignan ne suffisent pas aux besoins réciproques des deux pays; il sera démontré qu'il est plus difficile de conduire les grandes voies commerciales dans le cœur de la péninsule par les extrémités des Pyrénées que par leur milieu. Que ce milieu, tout surélevé qu'il est, ne donne pas à franchir aux voies exceptionnelles une hauteur relative plus grande, parce que le pied de la traversée, où l'on arrive insensiblement par la pente normale des voies de fer, s'y trouve avoir aussi une surélévation pareille.

Il sera démontré qu'au centre de la chaîne existent des points qui semblent marqués du doigt par la Providence pour cette traversée si secourable aux deux nations. Il sera démontré que le chemin de Paris à Toulouse peut y aboutir sans difficulté, et par là parvenir, en toute saison, sans interruption d'aucune espèce, en suivant dans les deux versants les trajets les plus courts, les lignes de population les plus considérables, les moins discontinuées, arriver, dis-je, jusque dans les plaines de l'Èbre, puis à Lisbonne par Saragosse et Madrid, à Valence par les bouches de l'Èbre et le littoral; et enfin à Barcelone, soit directement, soit par le col de Cervéra.

Il y aura donc une ligne de Paris à Toulouse, et cette ligne ira jusqu'à Lisbonne, si ce n'est aujourd'hui, ce sera demain, après, si l'on veut, mais un jour; car ainsi le veut la force des choses.

En vain les étrangers accourront-ils à nous avec leurs capitaux pour hâter l'établissement de la ligne indirecte; si cette faveur accordée à la voie qui longe la mer, à celle qu'ils peuvent si facilement visiter avec leurs bâtiments à vapeur, si cette hâte n'est qu'un hasard ordinaire, un calcul privé, il est sans conséquence, il n'empêchera rien. Et si c'était un hasard britannique, s'il tenait au désir d'arrêter en le devançant l'établissement de la ligne directe, si cette hâte pour un bien cachait le désir d'empêcher le mieux, la France est assez vigilante pour ne pas se laisser irrévocablement entraîner dans un piége. Alors, au lieu d'être abandonnée, la ligne directe de Paris à Toulouse ne se ferait que plus tôt. La France ne voudrait pas laisser prendre racine à des habitudes nouvelles qui pourraient plus tard faire obstacle à ses grands intérêts.

Il y aura donc une ligne de Paris à Lisbonne, traversant le cœur de la France et de la Péninsule à l'abri des forbans.

Et maintenant, assuré que je suis de ne pas poursuivre une chimère, j'aborde avec plus de confiance la question spéciale qui me reste à traiter, le tracé de cette ligne centrale.